운동 없이 8kg 감량
저탄수화물
다이어트 레시피

운동 없이 8kg 감량
저탄수화물
다이어트 레시피

NO 가스레인지
NO 밀가루
시크릿 레시피

이은경 지음

메가스터디BOOKS

깔끔하고 맛있는 다이어트 요리
만드는 법 알려드립니다

52kg에서 62kg으로, 그러다 다시 54kg으로

먼저 제 다이어트 이야기 잠깐 해볼게요. 아이러니하게도 저는 다이어트를 하면서부터 살이 쪘어요. 스무 살 이후 168cm, 52~53kg 정도를 계속 유지하고 있었는데, 어느 순간 갑자기 진짜 한번 말라보고 싶다는 생각이 드는 거예요. 굳이 다이어트를 할 필요가 없는 상황이었는데, 그때는 꼭 그래 보고 싶었어요. '아니 그 몸무게로 왜 다이어트를 한 거야?' 하실 수도 있겠지만, 한번쯤 '날씬'에서 '마름'으로 가보고 싶다는 생각을 해보신 분들은 아마 공감하실 거예요. (하지만 그때로 다시 돌아간다면 절대 그러지 않을 거예요.)

그렇게 아무 지식 없이 철없는 다이어트를 시작하게 되면서 무작정 굶기도 해보고 원푸드 다이어트도 해보고… 지금 생각하면 정말 무식한 온갖 방법을 시도했어요. 계속해서 극단적인 절식과 칼로리 다이어트를 하자 예전에는 없던 음식 집착이 생기기 시작했어요. 그러다 보니 좀 빠졌다가도 금방 요요가 찾아왔고요. 그 과정이 반복되다 결국 62kg까지 찌며 인생 최고 몸무게를 기록했는데, 그런 상황에서도 폭식하는 버릇을 고치기가 너무 힘들었어요. 눈을 떠서 감을 때까지 먹는 생각뿐이었거든요. 당장 보이는 체중계의 1~2kg에 집착하고 우울해하며 단식과 폭식을 되풀이하다가 급기야 탈모까지 오면서 건강이 안 좋아졌어요.

그제야 이러다 큰일 나겠다 싶으면서 겁이 덜컥 났고, 다이어트 강박에서 벗어나려면 일단 적당히 먹으면서 음식 강박에서 벗어나는 게 최우선이라는 생각이 들었어요. 그 이

후 과도한 절식과 칼로리 다이어트 방법을 버렸습니다. 그리고 간헐적 단식을 병행하며 건강하게 먹기 시작했어요. 그랬더니 처음에는 살이 빠지는 속도가 절식을 할 때보다는 느렸어요. 하지만 몸이 건강해지는 과정이라 여기며 몸무게에 집착하지 않고 꾸준히 패턴을 지켰더니 6개월 정도 걸려서 8kg을 감량할 수 있었어요. 지금은 건강도 전보다 더 좋아졌고 제 몸무게에도 스스로 만족하며 현재까지 1년 넘게 유지 중입니다.

시중에 '40~50kg 감량' 같은 드라마틱한 스토리도 많아서 제 경험담은 좀 시시할지 모르겠어요. 하지만 주변에 보면 막상 고도 비만인 사람들보단 저처럼 표준보다 약간 더 찐 상태에서 살을 빼지 못해 힘들어하는 사례가 훨씬 많더라고요. 그런 경우에는 오히려 3~4kg 감량하는 것이 너무 어렵다고 하지요. 그래서 제 경험담이 도움이 될 분들도 분명 있을 거라 생각합니다.

지속가능한 현실 다이어트 식단이 중요해요

다시 식단을 조절하며 깨달은 점은 다이어트에 성공하려면 우선 자신의 생활 패턴에서 크게 벗어나지 않는 선에서 계획을 세워야 하고, 또 크게 배고프지 않고 크게 힘들지 않은 방법이어야 한다는 점이었어요. 저는 현재 하루에 14~18시간 공복을 유지하고 한 끼는 다이어트식, 한 끼는 일반식, 이렇게 총 두 끼를 먹고 있습니다. 제 경우에는 다이어트식만 먹게 되면 일반식에 대한 갈망이 커져서 결국 폭식으로 이어지더라고요. 한 끼를 일반식으로 먹음으로써 음식에 대한 갈망을 없애고 강박 없이 다이어트를 지속적으로 이어나갈 수 있었어요.

인터넷에서 다이어트법을 검색해보면 '일주일 3kg 감량법', '15kg 감량 아이돌 다이어트' 등 온갖 자극적인 정보가 넘쳐납니다. 하지만 '아침 사과 반쪽, 점심 달걀 1개에 닭가슴살 1개, 저녁 고구마 반 개' 이런 식단을 평생 유지할 수 있을까요? 단기간에 살이 빠질 수는 있지만, 이 역시 진짜 살이 빠졌다곤 할 수 없고 탈수 증상일 확률이 높죠. 힘들게 초절식으로 일주일 다이어트해서 3kg이 빠졌다 해도 일반식으로 돌아오는 즉시 다시 찔 수밖에 없고요. 평생 초절식을 하면서 살 수는 없잖아요. 그건 너무 불행한 일이니까요.

과거의 저처럼 극단적인 다이어트를 해볼까 하는 분들에게 제가 효과를 봤던 레시피를 공유하고 싶다는 생각으로 이 책을 구성했습니다. 다이어트 식단만 먹는 게 아니라 맛있는 일반식으로 평생 원하는 체중을 유지하는 게 제 목표거든요. 건강에 중점을 두고 식단을 이어가다 보면 살은 자연스럽게 빠지고 몸도 튼튼해지더라고요. 또 맛있어야 스트레스를 덜 받으며 다이어트를 오래 지속할 수 있고요.

스트레스 없이 즐길 수 있는 'NO 음식 냄새' 다이어트 레시피

이미 시중에 다양한 다이어트 요리책이 있어서 전 좀 다른 레시피를 소개할 수 없을까 고민하던 차에 '요리할 때 나는 음식 냄새' 문제가 문득 떠올랐어요. 요즘 원룸이나 오피스텔 생활하는 분들 많잖아요. 그런데 이불이며 옷들에 냄새 배는 게 싫어서 뭔가를 해 먹기가 싫다는 친구들이 꽤 있더라고요. 그리고 일반 주택에 산다고 해도 미세먼지 때문에 환기시키는 게 어려울 때가 많고요. 특히 늦게 퇴근해서 음식을 해 먹으면 환기도 쉽지 않고, 환기를 해도 냄새가 집에서 빠지지 않아 고역이라는 분들도 많았어요. 달걀프라이 하나만 해먹어도 기름 냄새가 잘 때까지 코끝에 스친다고요. 그런 이유로 그냥 배달 음식을 시켜서 먹기도 하는데, 배달 음식은 다이어트 최고의 적이잖아요. 무엇보다 돈도 많이 들고요.

또 프라이팬을 쓰면 아무래도 기름 사용량이 늘어나기도 하잖아요. 아예 기숙사나 쉐어하우스처럼 가스레인지가 없거나 사용이 곤란한 곳에서 전자레인지 정도만 이용해서 해볼 수 있는 간단한 요리 알려달라는 댓글들도 종종 눈에 띄었고요. 그래서 전자레인지와 요즘 많이들 쓰는 에어프라이어만 이용하거나 아예 조리기구가 필요 없는 쉽고 간단한 레시피를 열심히 만들어보았습니다.

그리고 유튜브 구독자분들이 특히 크게 사랑해주셨던 닭가슴살, 곤약, 양배추, 두부 등 다이어터들이 주로 구입하는 핵심 다이어트 식재료를 골라 파트를 구성해봤어요. 재료는 샀는데 어떻게 사용해야 할지 몰라 고민이라는 댓글이 많았거든요. 한 가지 재료로 할 수 있는 여러 레시피를 담았으니 여러분이 따라 해볼 수 있는 요리가 분명 몇 개쯤은 있을 거예요. 또 칼로리가 낮으면서 감칠맛을 더해주는 소스를 적당히 활용해 맛까지 놓치지 않으려고 노력했어요. 다양한 단백질 재료도 사용했고요.

아무리 먹음직스러워 보여도 어렵고 복잡하면 못 하잖아요. 저도 어려운 요리는 아예 안 하게 되더라고요. 그래서 좀 투박하더라도 제가 진짜 평소에 쉽게 해 먹는 요리로만 골라서, 과정은 최소화하고 웬만한 재료 손질은 그냥 가위로 뚝딱뚝딱하는 원래 제 스타일 그대로를 책에 담았어요. 복잡하지 않고 설거짓거리도 많이 생기지 않는 방법들이니 평소 요리에 익숙하지 않는 '요똥' 독자님들도 포기하지 않고 따라 할 수 있을 거라 생각합니다.

책을 준비하면서 정말 매일이 명절 같았어요. 테스트한다고 먹고, 촬영한다고 먹고, 매일 먹고 또 먹고 했더니 말이에요. 다이어트 요리도 많이 먹으면 살이 찐다는 당연한 사실을 확인할 수 있었답니다. 역시 음식은 양 조절이 중요하다는 걸 다시 한번 느꼈어요. 덕분에 2kg을 얻었지만 괜찮아요. 좀 쪘다고 조바심 내지 않고 차분히 원래 패턴으로 돌아가면 금세 빠질 것을 이젠 알고 있으니까요.

제가 이렇게 책을 출간할 수 있었던 건 제 유튜브 콘텐츠를 사랑해주시는 구독자 여러분들 덕이 가장 컸어요. 앞으로도 다이어트에 도움되는 레시피들을 많이많이 공유하도록 하겠습니다. 정말 감사합니다. 원고 쓰는 과정에서 좋은 방향을 제시해주신 김민정 팀장님에게도 감사드려요. 마지막으로, 언제나 제게 든든하게 힘을 실어주는 가족과 친구들에게 항상 감사하고 사랑한다는 말 전하고 싶습니다.

이은경

CONTENTS

다이어트 시무 20조

제가 핸드폰 메모장에 적어놓고 수시로 체크하는 다이어트 규칙들입니다.
사람마다 상황이 다르니 모두에게 똑같이 적용하기 어려울 수도 있겠지만,
여러분들도 한번 참고해보시길 바랄게요.

① 14시간 이상은 단식을 유지한다.

② 하루 세 끼가 아닌 두 끼를 먹는다. 한 끼는 다이어트 식단, 한 끼는 일반식을 먹되 배부르지 않게 먹는다.

③ 취침 전 5시간은 공복을 유지한다.

④ 일어나면 양치 후 따뜻한 물을 한 잔 마신다.

⑤ 첫 끼는 다이어트 식단으로 먹되 단백질을 충분히 섭취해 포만감을 주고 과식을 막는다. (탄단지식(탄수화물, 단백질, 지방, 식이섬유) 챙기기) 아침에 '과일 한 조각' 이런 식으로 부실하게 먹으면 보상심리가 생겨 다음 식사에 많이 먹고 싶어진다.

⑥ 저녁 약속의 메뉴 선정은 크게 제한하지 않지만 인스턴트나 밀가루 같은 정제탄수화물만 집중된 메뉴는 가급적 피한다. 슬프지만 떡볶이, 피자, 라면, 짜장면, 빵은 멀리한다.

⑦ 절대 과식하지 않는다. 요요 방지를 위해 위를 줄이는 것이 꼭 필요하다. 배가 부르면 숟가락을 바로 내려놓는다.

8 밥을 밥으로 먹지 않는다. 반찬 위주로 먹고, 밥을 반찬처럼 먹는다.

9 탄수화물과 지방이 만나면 살이 찔 수밖에 없다. 식단에 탄수화물 양이 많은 날은 지방을 줄이고, 지방을 많이 섭취하는 날은 탄수화물 양을 줄인다. (삼겹살을 먹으면 볶음밥은 포기한다.)

10 탄수화물과 지방을 모두 많이 먹었다 싶은 날은 1일 1식으로 끝낸다.

11 떡볶이를 먹으면 떡을 잔뜩 먹는 대신 순대 내장을 시켜 소스에 찍어 먹는다. 햄버거를 먹으면 빵 한 조각은 버리고 감자튀김도 자제한다.

12 '입 터짐' 방지를 위해 간식도 조금씩 먹는다. 대신 빵이나 과자가 아닌 채소, 두부칩, 닭가슴살칩, 김 같은 건강 간식을 가까이 한다.

13 인스턴트 간식이 너무 당긴다면 차라리 다이어트 요리를 해서 한 끼 더 먹는다.

14 부실하게 먹고 허전해서 간식을 먹기보다 끼니를 든든하게 먹는다. 이때 탄단지식은 꼭 챙긴다.

15 먹고 싶은 음식은 너무 참지 않는다. 한 번 정도는 참고, 다음 날도 먹고 싶으면 대체품으로 먹는다. 마땅한 대체품이 없다면 먹고 싶은 음식을 1/2~1인분만 먹는다. 너무 참으면 음식에 집착이 생겨 100% 폭식으로 이어지므로 주의한다.

16 소스를 크게 제한하지 않는다. 소스를 너무 제한하면 다이어트를 오래 유지하지 못한다. 소스가 식욕을 자극하긴 하지만 한 끼를 맛있게 먹었다는 충족감이 우선이다. 대신 고추장, 허니머스터드, 케첩, 칠리소스처럼 설탕이 많이 들어간 소스는 자제한다.

17 시판 과일주스, 콜라, 초코우유, 요구르트, 믹스커피처럼 당이 들어간 음료는 마시지 않는다.

18 극단적인 다이어트는 하지 않는다. 하루 많이 먹었다고 다음 날 종일 굶는다거나 채소만 먹는다거나, 칼로리에 집착하는 행동은 하지 않는다.

19 저염식, 무염식은 하지 않는다. 과도한 저염식은 몸이 수분을 흡수하지 못하고 그대로 소변으로 배출하게 만들어 만성탈수를 일으킬 수 있다. 이때 체중이 줄었더라도 이는 지방이 빠진 게 아니라 수분이 빠진 것이다. 또 신진대사가 둔화되어 지방 분해가 활발하게 일어나지 않아 다이어트 효율도 떨어진다. 그리고 적당한 염분 섭취는 군것질 욕구를 줄여준다.

20 공복감이 느껴진다면 진짜 배고픔인지 확인한다. 일단 물을 한 컵 마셔보고 그래도 배가 고프면 좋아하지 않는 음식을 떠올려보자. 그것마저 먹고 싶다면 정말 배가 고픈 것이다. 그리고 레시피대로 만들어 먹는데 만약 맛이 없다면 아직 배가 고프지 않다는 것이다!

계량법

이 책의 레시피 재료 계량에는 밥숟가락과 종이컵, 딱 이 2가지만 사용했습니다.
사실 저는 종이컵도 안 쓰고 그냥 다 숟가락으로 계량할 때가 많아요.
계량 때문에 종이컵을 쓰고 버리게 되는 게 아깝더라고요. 혹시 저 같은 분들이 있을까 봐
컵 계량에 숟가락으로 뜨면 몇 숟가락 나오는지도 같이 적어두었으니 참고해주세요.

1숟가락

1/2숟가락

1컵

1/2컵

TIP	오트밀 1/2컵 = 오트밀 5숟가락 물 1/2컵 = 물 12숟가락 물 1컵 = 물 24숟가락

'요리하는다이어터'가 항상 비치해두는
다이어트 식재료 TOP 8

달걀

달걀은 손이 가장 많이 가는 만능 식재료라서 냉장고에 항상 구비해둡니다. 중요한 단백질 공급원 중 하나죠. 영양가도 많고, 요리를 마무리할 때 달걀프라이 하나만 올려도 요리가 업그레이드되는 기분이 들어요. 열량에 비해 위에 머무는 시간이 긴 편이라 포만감을 줘서 과식을 막는 데에도 도움이 됩니다.

두부

쉽고 저렴하게 구입할 수 있어서 자주 사용하는 식재료입니다. 특히 밥 대신 두부를 활용하면 탄수화물 섭취를 줄일 수 있어서 좋아요. 저칼로리면서 단백질은 매우 풍부하기 때문에 다이어트할 때 단백질을 공급해주는 가장 유용한 재료이기도 합니다. 변비 개선에도 효과가 있다고 해요.

닭가슴살

닭가슴살은 닭고기 부위 중 지방 함량은 가장 적으면서 단백질은 가장 많이 함유하고 있어요. 요리에 넣었을 때 다양한 재료들과 잘 어울려서 좋아요. 저는 보관이 편해서 냉동 닭가슴살을 항상 냉동실에 구비해놓습니다. 한번에 2kg 대용량을 구입해서 요리할 때 하나씩 꺼내서 사용해요. 조금만 오래 조리해도 금방 식감이 퍽퍽해지기 때문에 적당히 익히는 것이 중요해요.

양배추

위 건강에도 좋고 섬유질이 풍부해서 변비 개선의 효과도 있는 재료예요. 칼로리가 낮아서 다이어트에도 도움이 되고 소화도 도와줍니다. 다만 양배추는 키울 때 농약을 많이 뿌리기 때문에 세척에 주의를 기울여야 합니다. (유기농 양배추를 사용할 때도 세척은 필수입니다.)

감자&고구마

탄수화물이 당길 때 간식으로 먹거나 치팅데이 때 요리해서 가끔 먹습니다. 같은 무게 대비 고구마가 칼로리는 더 높지만 GI수치(포도당으로 전환되는 속도)가 낮고, 감자는 칼로리는 낮지만 GI수치가 높아서 다이어터들은 보통 GI수치가 낮은 고구마를 더 선호해요. 어쨌든 탄수화물 함량이 높은 재료들이니 너무 많이 먹는 건 다이어트에 좋지 않아요.

오트밀

오트밀은 귀리를 가공한 제품으로 압착귀리, 퀵오트밀 등 여러 종류가 있어요. 압착귀리는 먹기 편하게 귀리를 납작하게 눌러놓은 제품으로 오트밀밥, 오트밀죽을 만들 때 좋고 톡톡 터지는 식감이 살아 있어요. 또 퀵오트밀보다 식이섬유가 풍부해서 다이어트와 영양 면을 고려할 때 압착귀리를 사용하는 게 좋아요. 퀵오트밀은 빨리 조리할 수 있도록 가공이 된 만큼 압착귀리에 비해 식이섬유 함량도 적고 GI수치도 높고 식감도 잘 느껴지지 않아요. 대신 압착귀리는 딱딱해서 불리거나 조리를 해서 먹어야 하지만, 퀵오트밀은 요거트에 넣어 비벼서 먹거나 우유에 말아서 빠르게 불려 먹을 수 있어요.

참치

참치 통조림은 유통기한이 길어서 세일할 때 왕창 구입해두는 편이에요. 고기가 들어가는 요리를 하고 싶은데 고기가 없을 때 고기 대신 주로 사용해요. 고단백 저지방 식품이라 다이어트에 도움이 됩니다. 단 통조림 안의 기름은 쫙 빼고 사용하는 게 좋아요.

곤약

실곤약은 포만감은 주면서 칼로리는 거의 없어 다이어트에 유용한 재료예요. 하지만 영양소도 거의 없다고 하니 곤약만 오래 먹는 건 좋지 않아요. 저는 국수 종류가 먹고 싶을 때 주로 사용하는데, 탄수화물 부담 없이 즐길 수 있어요. 단 소화기관이 약한 경우 소화불량이나 복부팽만을 일으킬 수 있으니 주의해야 합니다. 사각 곤약은 적당한 크기로 썰어 요리에 활용하지만 저는 채소다지기에 다져서 곤약밥으로 주로 먹어요. 알알이곤약보다 가격이 저렴해서 자주 사용합니다.

'요리하는 다이어터'가 애정하는
다이어트 시판 식품 & 소스

아몬드밀크 [무설탕]

아몬드밀크는 우유 대신 사용하는 재료입니다. 밀크라는 이름이 붙지만 우유 성분은 아니고 아몬드와 물을 섞어 갈아서 만든 제품이에요. 여러 종류가 있는데 저는 그중에서 무설탕(언스위트) 제품을 사용합니다. 저당에 칼로리도 낮고 포만감이 좋아요.

제품명 아몬드브리즈 언스위트

아몬드가루

다이어트 중 빵이 먹고 싶을 때 밀가루 대신 사용하는 재료예요. 아몬드가루는 인슐린 자극이 적고 탄수화물 함량이 낮아서 키토식단에 자주 활용됩니다. 밀가루처럼 찰기는 없지만 쿠키, 달걀빵, 카스텔라 느낌의 빵을 만들 때 꽤 유용하게 쓸 수 있어요.

제품명 푸드림 아몬드 분말

스리라차소스

요리할 때 설탕이 많이 들어 있는 고추장이나 케첩 대용으로 사용해요. 채소, 육류, 해산물에 다 잘 어울려서 여러 요리에 사용할 수 있는 활용도가 높은 소스입니다. 매콤한 게 당길 때 스리라차소스를 활용해보세요.

제품명 허이펑 닭표 스리라차 핫칠리소스

발사믹글레이즈

포도를 발효시켜 만든 발사믹식초에 향신료와 설탕 등을 넣어서 졸여 만든 소스로, 카프레제 같은 샐러드의 드레싱으로 자주 사용합니다. 샐러드 외에도 고기를 구워 먹을 때 곁들이면 느끼함을 잡아주고 새콤달콤한 맛을 더해줘서 좋아요.

제품명 폰타나 모데나 발사믹글레이즈

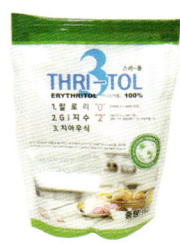

에리스리톨

에리스리톨은 과일의 포도당을 천연 발효시켜 가루 형태로 만든 설탕 대용 제품으로, 키토빵을 만들 때도 많이 사용합니다. 몸에 흡수되지 않고 소변으로 바로 배출되어 혈당을 올리지 않아요. 설탕과 비교했을 때 70% 정도의 단맛을 냅니다. 참고로 스테비아는 단맛이 강해 단독으로 사용하면 쓴맛이 나서 저는 잘 사용하지 않습니다.

제품명 당플 에리스리톨

알룰로스

알룰로스는 포도, 무화과 등에서 당을 추출하여 액체 형태로 만든 감미료로 에리스리톨과 같이 몸에 흡수되지 않고 소변으로 바로 배출되어 다이어트, 혈당 조절에 도움이 됩니다. 알룰로스는 물엿 대용으로 주로 사용해요.

제품명 큐원 트루스위트 알룰로스

엑스트라버진 올리브오일

엑스트라버진 올리브오일은 올리브 열매에서 기름을 짠 뒤 화학 처리를 하지 않은 자연 그대로의 오일 중에서도 산도가 1% 이하인 것을 말해요. 일반 식용유에 없는 여러 영양소가 함유되어 있어서 식용유 대신 사용해요. 발연점이 170℃여서 볶음요리에도 사용 가능하고 샐러드에도 넣어서 먹어요. (튀김요리에는 적합하지 않습니다.)

제품명 바쏘 엑스트라버진 올리브오일

아보카도오일

아보카도오일은 발연점이 높아 튀김요리에 적합해요. 에어프라이어는 온도가 200℃까지 올라가기 때문에 발연점이 높은 아보카도오일을 주로 쓰는데 스프레이형은 제품에 고루 바르기가 편리합니다.

제품명 에스파뇰라 아보카도오일 스프레이형

히말라야 핑크소금

히말라야 핑크소금은 일반 소금에 비해 나트륨 함량은 적고 미네랄, 무기질, 철분 함량은 높아서 일반 소금 대신 사용하고 있어요.

제품명 몬타스코 히말라야 고운 핑크소금

애플사이다식초

애플사이다식초는 천연 발효한 유기농 식초로 장시간의 발효 과정에서 생긴 좋은 유산균을 비롯해 비타민과 유기산, 미네랄이 풍부해요. 물에 타서 마시거나 요리에 양조식초 대신 넣어 먹습니다.

제품명 브래그 유기농 사과식초

무설탕 머스타드

설탕이 들어 있지 않아서 다이어트 소스로 아주 좋아요. 허니머스터드에 익숙하다면 처음에는 입에 맞지 않을 수 있는데, 그럴 때는 머스터드에 알룰로스를 약간 첨가하면 맛에 쉽게 적응할 수 있습니다.

제품명 하인즈 옐로우 머스타드

아보카도 마요네즈

화학적인 성분이 들어 있지 않은 착한 마요네즈입니다. 일반 마요네즈와 달리 설탕을 사용하지 않았고 일반 콩기름보다 몸에 좋은 아보카도오일로 만들어졌어요. 아보카도 특유의 향이 좀 있지만 익숙해지면 맛있고 건강하게 즐길 수 있어요.

제품명 초슨푸즈 퓨어 아보카도 마요네즈

요리를 쉽게 만들어주는
조리 꿀템

가위

웬만한 재료는 칼, 도마를 사용하지 않고 가위로 잘라서 사용해요. 일단 사용해보면 편리함에 빠져 가위만 찾게 된답니다.

제품명 도루코 마이셰프 베이직 가위 103A

채소다지기

칼질에 자신 없는 요린이를 위한 필수 만능템이에요. 채소다지기에 재료를 몽땅 넣고 줄만 몇 번 당겨주면 곱게 잘려서 나온답니다.

제품명 키친구 스핀 야채다지기(대)

채칼

채소를 채 썰거나 얇게 저미듯 썰 때 사용합니다. 다른 채칼보다 얇게 썰어져서 좋아요.

제품명 다운이 채칼 세트

매직랩

한쪽 면에만 접착력이 있어서 랩끼리 서로 들러붙지 않아 편리하고 사용량도 일반 랩보다 적어요. 특히 샌드위치나 주먹밥을 만들어 매직랩으로 팽팽하게 2번 랩핑하면 재료를 많이 넣어도 흘러내리는 일 없이 예쁘게 쌀 수 있고 먹을 때도 깔끔합니다.

제품명 프레스앤씰 매직랩

위생봉투 [친환경]

사탕수수를 사용해서 만든 친환경 위생봉투로 전자레인지에서 환경호르몬 걱정 없이 안심하고 사용할 수 있어요. 전자레인지로 닭가슴살이나 채소를 찌고 데칠 때 사용하면 편리합니다.

제품명 슈가랩 에코백

종이포일

전자레인지로 달걀지단을 만들 때 특히 유용해요. 기름을 두르지 않아도 표면에 음식이 눌러 붙지 않기 때문에 기름 사용을 줄일 수 있습니다. 에어프라이어 요리를 할 때도 편리합니다.

제품명 프로그 에어프라이 종이호일(지름 19cm, 높이 2.7cm)

전자레인지로 달걀지단, 달걀프라이, 수란, 각종 오트밀밥 만드는 법

달걀지단

1 그릇에 달걀 1개, 소금을 조금 뿌리고 잘 섞어주세요.

2 접시형 종이포일에 ①을 부어 얇게 펼쳐준 후 전자레인지에 넣고 1분 30초 돌려주세요.

> **TIP** 달걀 크기, 전자레인지 세기에 따라 1분 30초~2분 사이로 돌려주세요. 지단이 완벽하게 익지 않으면 종이포일에서 잘 떨어지지 않아요.

3 기름을 사용하지 않아도 잘만 익히면 종이포일에서 쉽게 떨어집니다. 끝에서부터 천천히 떼어내주세요.

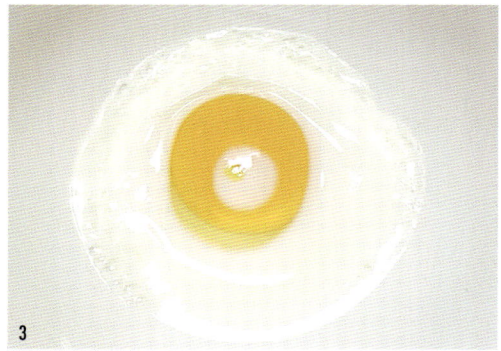

달걀프라이

1 그릇에 달걀 1개를 넣고 젓가락으로 노른자에 구멍을 뚫어주세요. 소금은 선택입니다.

2 ①을 전자레인지에 넣고 40초 돌려주세요. 노른자를 거의 안 익힌 채로 먹고 싶다면 40초, 반숙은 50초, 완숙은 1분 정도면 완성됩니다.

> **TIP** 달걀 크기, 전자레인지 세기에 따라 익히는 시간이 달라질 수 있어요. 노른자 색깔을 살리고 싶으면 뚜껑을 덮지 않는 게 좋아요.

3 그릇에서 달걀프라이를 떼어내세요.

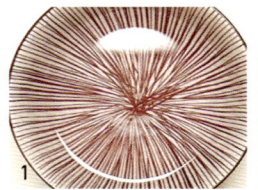

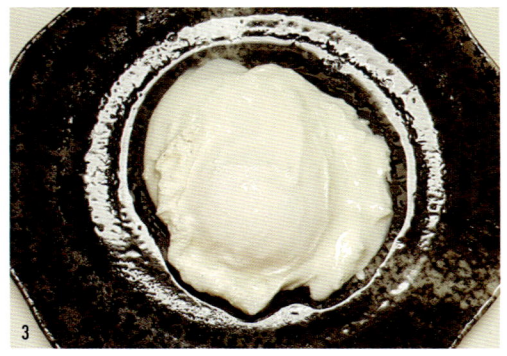

수란

1 밥그릇처럼 오목한 그릇에 물을 1/2컵 넣고 전자레인지에 1분 돌려 물을 데워주세요.

2 ①에 소금 조금, 식초 1순가락을 넣고 잘 섞어준 뒤 달걀 1개를 넣고 전자레인지에 2분 돌려주세요.

> **TIP** 달걀 크기, 전자레인지 세기에 따라 익히는 시간이 달라질 수 있어요. 2분 돌린 후 확인해서 원하는 만큼 익지 않았더라면 추가로 더 익혀주세요.

오트밀밥

1 그릇에 오트밀(압착 귀리) 6순가락을 넣어주세요.

2 ①에 물 9순가락을 넣고 전자레인지에서 3분간 돌려주세요.

> **TIP** 뚜껑은 덮지 않아도 됩니다. 압착귀리 양을 늘리면 비율에 맞춰 물도 더 넣으면 됩니다. 압착귀리와 물의 비율은 2:3 정도면 적당해요.

3 오트밀밥을 전자레인지에서 꺼낸 후 바로 저어주면 완성입니다. 처음에는 질척해 보여도 금세 굳어지니까 꺼내자마자 꼭 섞어주세요.

두부오트밀밥

1 그릇에 두부 1/2모를 넣고 포크로 으깨서 준비해 주세요.

2 ①에 오트밀(압착 귀리) 5숟가락을 넣어주세요.

> **TIP** 두부만으로는 밥 형태가 잘 나오지 않아요. 소량의 오트밀을 섞어주는 것이 좋습니다. 이때는 꼭 압착귀리 종류를 구입해서 사용하세요.

3 두부와 오트밀을 잘 섞어서 전자레인지에 넣고 3분간 돌려주면 완성입니다.

> **TIP** 두부의 수분이 날아가도록 반드시 뚜껑은 덮지 않습니다.

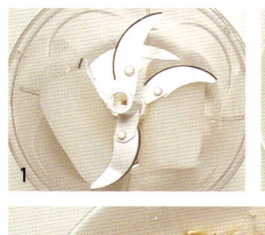

곤약오트밀밥

1 그릇에 곤약 125g, 물 1/2컵, 식초 1숟가락을 넣고 전자레인지에 넣고 2분 돌려 곤약 특유의 냄새를 날려준 다음 적당한 크기로 잘라서 채소다지기에 넣고 밥알 크기로 다져주세요.

2 다진 곤약을 채반에 부어 물기를 뺀 다음 오트밀(압착 귀리) 5숟가락을 넣고 잘 섞어서 뚜껑을 덮고 전자레인지에 넣어 3분 돌린 후 뚜껑을 열지 않은 상태에서 1분 뜸들여주세요.

> **TIP** 알알이 곤약(곤약미)을 사용하면 더 편하지만 사각 곤약이 양도 많고 저렴해서 전 이렇게 만들어 먹습니다. 알알이 곤약을 사용할 때는 곤약 다지는 과정만 생략하고 똑같이 만들면 됩니다.

양배추오트밀밥

1 깨끗하게 씻은 양배추 100g을 채소다지기에 넣고 밥알 크기로 다져주세요.

2 그릇에 다진 양배추를 넣고 오트밀(압착 귀리) 5순가락을 넣어주세요.

3 ②에 물 3순가락을 넣고 잘 섞은 후 뚜껑을 덮고 전자레인지에 넣어 3분 돌려준 다음 뚜껑을 열지 않은 상태에서 1분간 뜸을 들이면 완성입니다.

달걀오트밀밥

1 그릇에 오트밀(압착 귀리) 5순가락, 물 5순가락을 넣고 잘 섞어주세요.

2 ①에 달걀 2개를 넣고 잘 섞어서 뚜껑을 덮은 후 전자레인지에 넣어 2분간 돌려주세요.

3 ②를 꺼내 포크로 잘게 으깨서 먹기 좋게 만들어 주면 완성입니다.

> **TIP** 2분 돌리면 반숙처럼 촉촉하게 돼요. 완벽하게 익혀 먹고 싶다면 2분 돌린 후 꺼내서 포크로 으깬 뒤 1분 더 추가로 돌려주면 됩니다. 달걀 크기, 전자레인지 세기에 따라 익는 시간이 달라질 수 있으니 꺼내서 상태를 보고 조절해주세요.

콜리플라워오트밀밥

1 채소다지기에 냉동 콜리플라워 100g을 넣고 밥알 크기로 다져주세요.

2 그릇에 다진 콜리플라워를 넣고 오트밀(압착 귀리) 5순가락, 생수 2순가락을 넣고 잘 섞어주세요.

3 ②의 뚜껑을 덮고 전자레인지에 넣어 3분간 돌린 다음 뚜껑을 열지 않은 상태에서 1분 뜸들이면 완성입니다.

> **TIP** 다져서 판매하는 냉동 콜리플라워를 사용하면 더 편하게 만들 수 있습니다.

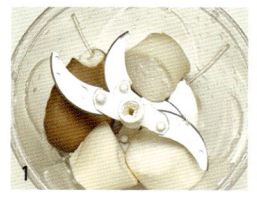

버섯오트밀밥

1 물로 가볍게 씻은 새송이버섯 1개를 적당한 크기로 잘라 채소다지기에 넣고 밥알 크기 정도로 다져주세요.

> **TIP** 버섯은 겉에 묻은 먼지 정도만 가볍게 행궈내면 됩니다. 너무 오래 세게 씻으면 버섯향이 날아가 버려요.

2 그릇에 다진 새송이버섯을 넣고 오트밀(압착 귀리) 5순가락, 생수 2순가락을 넣고 잘 섞어주세요.

3 ②의 뚜껑을 덮고 전자레인지에 넣어 3분간 돌린 뒤 그대로 1분간 뜸을 들이면 완성입니다.

> **TIP** 버섯오트밀밥은 간장 양념장을 넣고 비벼 먹으면 특히 맛있어요. 간장 양념장은 간장 2순가락, 다진 마늘 1순가락, 청양고추 1개, 고춧가루 조금, 참기름 조금, 참깨 조금을 넣고 섞어서 만듭니다.

'요리하는다이어터'의
다이어트 식단 FAQ

Q 얼마 정도의 기간 동안, 하루에 몇 끼 먹으면서 몇 kg 감량했는지 궁금해요.

A 6개월 정도에 걸쳐서 천천히 8kg을 감량했고요, 하루에 두 끼 먹었어요. 한 끼는 다이어트 식단, 한 끼는 일반식으로 먹었습니다.

Q 다이어터에서 유지어터로 넘어갈 때 일반식과 다이어트식의 비율을 어떤 식으로 조절했는지 궁금합니다.

A 저는 다이어트를 할 때도 한 끼는 일반식으로 먹었어요. 하루 두 끼를 모두 다이어트식으로 먹어보기도 했는데, 먹고 싶은 음식이 많아져서 음식에 집착이 생기고 폭식으로 이어지는 실패를 경험했거든요. 유지어터인 지금도 이 패턴은 쭉 유지하고 있습니다.

Q 치팅데이 주기는 어떻게 되나요?

A 하루 한 끼를 일반식으로 먹기 때문에 치팅을 따로 정해놓고 하지는 않아요. 예전에 초절 식을 할 때는 치팅데이를 정해뒀었는데, 이건 치팅데이가 아니라 폭식데이가 되더라구요. 예전에는 하루 날 잡아서 먹고 싶은 음식을 마음껏 먹는 게 치팅데이라고 생각했어요. 한 마디로 실컷 먹는 핑계를 만든 거였죠. 그런데 원래 치팅데이의 취지는 다이어트를 하면 서 부족했던 영양소를 한번씩 채워줘서 영양소 결핍이 없도록 만들어주는 거라고 하더라고요. 저탄수 다이어트를 하고 있다면 치팅데이 때 건강한 탄수화물을 몸에 보충해주는 거죠. 전 가급적 평소에 먹고 싶은 음식을 먹으려고 노력해요. 물론 건강하게 만들어 적당한 양만 먹으려고 하고요.

Q 식단 조절 외에 운동도 병행했나요?

A 저는 운동을 좋아하지 않아요. 군이 운동이라고 할 만한 건 하루 한 번 강아지를 산책시키는 게 전부예요. 운동이 즐거워서 즐기는 건 상관없지만 저처럼 운동을 싫어하는 사람이 억지로 헬스장에 가서 고강도 운동을 하게 되면 스트레스가 쌓이고 보상심리로 식욕만 더 왕성해질 거 같아요. 그래서 전 건강을 위해 하는 최소한의 운동은 걷기 정도면 충분하다고 생각합니다. 다이어트를 위한 운동은 하다 멈추면 다시 살이 찐다고 하잖아요. 자신이

할 수 있는 한도 내에서 꾸준히 할 수 있는 종류를 하는 게 평생 유지할 수 있는 방법 아닐까 싶어요. 특히 식후 10분 걷기는 혈당 상승을 억제한다고 해요. 식후 10분 걷기가 일반 30분 걷기보다 혈당 관리에 도움이 된다는 연구 결과도 있습니다. 그래서 전 가급적 식사 후 30분에서 1시간 내에 걸으려고 노력하는 편이에요.

Q 다이어터나 유지어터 식습관을 유지하고 싶은데 피치 못할 외식을 해야 하는 상황에서는 어떻게 대처하는 게 좋을까요?

A 저는 하루 한 끼는 일반식을 먹기 때문에 외식 메뉴 선정은 크게 제한하지 않아요. 하지만 메뉴 선택권이 있다면 건강하지 않은 인스턴트나 정제탄수화물만 집중된 메뉴는 피하려고 노력해요. 그리고 가장 중요한 건, 정말 힘들지만 배가 불러오면 그만 먹어야 한다는 거예요. 폭식은 진짜 안 좋은 습관인 것 같아요. 회식처럼 제 마음대로 메뉴를 선택하지 못할 때는 국밥을 먹으면 밥은 1/3공기만 먹고, 삼겹살을 먹으면 볶음밥은 포기하고, 버거류를 먹는다면 빵 한 조각은 버리고 감자튀김도 포기하는 식으로 조절을 나름대로 합니다. 이 정도로만 주의해도 충분하다고 생각해요. 사실 이것도 쉽지 않고요.

Q 다이어트 식재료 중 필수로 갖춰놓는 것들이 있나요?

A 책의 각 파트 메인 식재료로 뽑은 8가지(달걀, 오트밀, 두부, 감자&고구마, 곤약, 양배추, 닭가슴살, 참치 통조림)는 거의 항상 구비하고 있어요. 이 재료들만 있으면 웬만한 다이어트 요리는 다 만들 수 있어요.

Q 치팅하거나 과식했다 싶은 그다음 날 따로 관리하는 법이 있나요?

A 저는 어쩌다 과식을 했다고 해도 다음 날 아예 단식을 한다거나 초절식으로 먹는다거나 하지는 않아요. 대신 시간이 허락하는 경우 첫 식사 전에 공복 유산소 운동 개념으로 강아지들과 동네 공원으로 산책을 나가서 1시간 정도 놀다가 들어와요. 그리고 원래 식사 패턴으로 식사를 하되 탄수화물의 양은 조금 줄여주는 정도로 조절은 합니다.

Q 평소 다이어트 요리를 만들 때 제일 중점을 두는 게 무엇인가요?

A 일단 복잡하지 않아야 해요. 아무리 영양 균형이 잘 잡힌 요리라 하더라도 만드는 과정이 복잡하면 시작할 엄두가 안 나서 포기하게 되거든요. 다이어트를 생각하고 레시피를 만든다기보다 몸에 해로운 재료를 빼고, 내 몸에 좋은 맛있는 음식을 만든다 생각하고 만들어요. 내가 내 몸을 존중해주면 건강은 물론 다이어트는 덤으로 따라온다고 생각합니다.

Q 식후에 디저트나 단 음식이 당기면 어떻게 관리하는지 궁금해요.

A 일단 저는 ==식후에 양치를 바로 하는 게== 제일 효과가 좋았어요. 양치를 꼼꼼하게 하는 습관 (에어픽 ⇨ 치실 ⇨ 칫솔질)을 들이면 간식 먹고 또 양치하는 게 귀찮아서 참게 되더라고 요. 양치를 했는데도 먹고 싶으면 ==물 한 잔 마시기!== 물 한 잔 마셨는데도 먹고 싶으면 ==다른 집중할 수 있는 일==을 찾아요. 산책을 한다든지 쇼핑을 간다든지 바쁜 척하기! 그래도 먹고 싶으면 그냥 먹어요. 너무 참으면 다음번에 입 터졌을 때 이성을 잃고 먹게 되거든요. 그 단계까지 가기 전에 적당히 조금 먹어주는 거죠. 대신 많이 먹지 않기! 초콜릿 반 개, 케이 크 한 조각, 과자 반 봉지 정도에서 멈추려고 노력해요.

Q 요요나 권태기가 온 적은 없는지 궁금해요.

A 바짝 굶어서 50kg 만들면 다이어트 끝이다 하는 식의 초절식 칼로리 다이어트는 이제 하 지 않아요. 목표로 했던 몸무게를 찍을 순 있겠지만 그 뒤에는 답이 없잖아요. 잠깐 다이 어트에 성공한 기쁨을 즐기다가 원래 먹던 일반식으로 돌아오면 예전의 몸무게로 돌아갈 확률이 높거든요. 처음에는 아무 생각 없이 초절식 칼로리 다이어트, 원푸드 다이어트 등 의 극단적인 방법을 시도했던 탓에 요요를 수도 없이 겪어봤어요. 제가 생각하는 다이어 트 권태기 대처법, 요요 방지법은 ==다이어트를 하고 있다고 생각하지 않기==입니다. 그냥 '이 게 내 생활 패턴이고 나는 평생 이렇게 식단을 유지한다'고 할 수 있을 법한 다이어트 방법 을 찾아야 권태기가 오지 않고 오래 지속할 수 있어요.

Q 장보기나 생각보다 어려운데 어떻게 하는지 궁금해요.

A 요즘은 쿠팡을 자주 이용하지만 원래는 ==동네 마트 3군데를 애용==해요. 장을 볼 때는 우선 1번 마트에 가서 사고 싶은 재료의 신선도와 가격을 확인하고 나와요. 그다음에 2번, 3번 마트까지 확인한 뒤 제일 마음에 드는 신선하고 저렴한 마트로 가서 재료를 구입합니다. '그렇게까지 번거롭게?'라고 할 수 있지만 저는 마트 가는 걸 좋아하거든요. 그래서 저에겐 이 과정이 마트 구경도 하고 운동도 하고 신선하고 저렴한 재료도 구입하는 1석 3조 루틴 이랍니다. 그리고 저는 구입할 재료를 정해서 가기보다 그날 마트에서 세일하는 재료 몇 가지를 구입해서 그 재료로 만들 수 있는 다이어트 요리를 하는 경우가 더 많아요.

Q 재료 손질은 그때그때 하는 편인가요, 아니면 요리할 때 꺼내서 하는 편인가요?

A 재료 손질은 ==장을 봐 온 즉시 바로 하는 편==이에요. 바로 해두지 않으면 다음 날 요리하기 전에 재료 손질부터 다 해야 된다는 생각에 귀찮아서 안 해 먹게 되고, 당장 배고프니 빨리 먹을 수 있는 라면이나 배달 음식에 더 눈이 가더라고요. 장 보고 와서 바로 손질을 해두면 먹고 싶을 때 바로바로 먹을 수 있으니 한 번이라도 더 요리를 하게 돼요.

Q 아무리 간단한 요리라 하더라도 그것마저 귀찮을 때가 있잖아요. 그럴 때는 어떻게 식사를 챙기나요?

A 요리하기 너무 귀찮을 때 간단히 먹는 것들은 꽤 여러 가지가 있는데, 그중에 하나만 추천한다면 '우삼겹 4장 구워 먹기'를 들 수 있겠네요. 우삼겹을 팬에 구워서 기름을 내고 그 기름에 각종 채소를 가위로 대충 잘라 넣고 같이 볶아요. (추천 채소: 각종 버섯, 숙주) 볶은 채소를 상추, 배추 등 쌈채소에 된장 조금 넣고 쌈 싸서 먹고요. 간단하고, 설거짓거리도 거의 안 나오고, 채소도 많이 먹을 수 있고, 무엇보다 진짜 맛있어요. 우삼겹은 4장만 먹는 거지만 우삼겹의 향 때문에 다이어트 음식을 먹었다는 생각이 안 들고 일반식을 먹은 듯한 만족감을 느낄 수 있습니다. 삼겹살, 오리고기 등 자기가 좋아하는 육류 아무거나 활용해도 좋아요.

Q 요리할 때 탄단지(탄수화물, 단백질, 지방)를 구성하고 계산하는 방법이 있나요?

A 저는 식단 조절을 하면서 요리 하나에 탄단지를 다 챙기려다 보면 복잡하고 머리 아파서 아예 요리할 엄두가 안 나더라고요. 그래서 요리 완성 후 탄단지 중 부족한 부분을 채워서 먹는 식으로 조절합니다. 아주 엄격하게 지키는 편은 아니고 너무 한쪽으로 치우치지 않게만 구성해요. 탄단지 비율을 40 : 40 : 20 이런 식으로 정확하게 정해두고 식단을 구성하지 않는다는 뜻이죠. 평생 어떻게 먹을 때마다 어플 들어가서 재료별로 입력하고 칼로리, 탄단지 비율 확인할 수 있겠어요. 탄수화물이 당기는 날은 복합탄수화물(현미밥, 오트밀, 감자, 고구마, 단호박, 통밀빵 등) 비율을 높이고 단백질 지방 비율은 낮추고, 고기가 먹고 싶은 날은 단백질과 지방 비율 높이고 탄수화물 비율 낮추고 이런 식으로 몸에서 보내는 신호를 잘 관찰해서 먹는 게 더 효율적이라고 생각해요. 사람마다 체질이 다르기에 정답인 탄단지 비율은 없다고 생각해요. 몸에서 필요로 하는 영양소는 몸에서 자연스럽게 당기는 것 같아요.

Q 배달 음식이 먹고 싶을 때는 어떻게 하나요?

A 저는 배달 음식이 먹고 싶으면 가급적 비슷한 음식을 만들어 먹으려고 노력해요. 배달 음식에는 기본적으로 설탕이나 좋지 않은 기름이 많이 들어가기 때문에 에리스리톨, 올리브 오일로 바꾸기만 해도 좀 더 건강하게 먹을 수 있다고 생각하거든요. 그렇게 해도 너무 먹고 싶으면 배달시켜 먹어요. 대신 1인분만 먹고 배가 불러오면 그만 먹어요. 너무 먹고 싶은데 무작정 참기보다는 적정량을 먹어주면서 음식 강박이 생기지 않게 하는 게 저한테는 더 중요하고 다이어트에도 효과적이었어요. 가끔 한번씩은 괜찮다고 생각합니다.

직접 작성해보는 다이어트 식단 일기

매일 음식을 먹는 시간과 메뉴를 적어보세요. 이 내용을 적어보는 것만으로도 어떤 음식을 주로 먹는지,
주중 주말 중 언제 더 먹는지, 몇 시에 주로 먹는지 등을 파악할 수 있어 음식 조절에 큰 도움이 된답니다.
2주 정도만 기록해보면 그동안 몰랐던 식사 패턴을 대략 파악할 수 있고,
또 이 정도 기간이면 음식 조절하는 습관이 어느 정도 잡힙니다.
이 책에 소개된 요리 중 당기는 걸 해 먹어보고 그걸 기록해봐도 좋을 것 같아요.

1주차

시간	일	월	화	수	목	금	토
	메뉴						
아침 :							
점심 :							
저녁 :							
간식 :							

★목표로 하는 몸무게와 현재 몸무게, 그리고 2주 후 몸무게를 아래에 기록해보세요.

　목표 몸무게 ＿＿ kg　현재 몸무게 ＿＿ kg　2주 후 몸무게 ＿＿ kg

★아침, 점심, 저녁, 간식 중 먹은 곳에만 내용을 적습니다. ' : ' 칸에는 식사한 시간을 기록해주세요.

★아침, 점심, 저녁 중 안 먹은 끼니가 있다면 '메뉴' 칸에 그전 식사와 다음 식사 사이에 몇 시간 동안 공복 상태를 유지했는지 기록해보세요.

★각 식사 떠 먹은 음식은 가급적 자세히 적어보세요. 간식을 안 먹는 날에는 해당 칸에 'x' 표시를 해보세요. 나름 성취감을 느낄 수 있답니다.

2주차

시간	일	월	화	수	목	금	토
	메뉴						
아침 :							
점심 :							
저녁 :							
간식 :							

PART 1

달걀

DIET RECIPE

달걀지단샌드위치

달걀지단

○ 달걀 ─ 1개
○ 퀵오트밀 ─ 1숟가락
○ 에리스리톨 ─ 1/3숟가락
○ 소금 ─ 조금

단호박 무스

○ 단호박 ─ 1/4개
○ 플레인요거트(무설탕) ─ 3숟가락
○ 에리스리톨 ─ 1/2숟가락
○ 소금 ─ 조금

○ 청상추 ─ 10장
○ 빨강 파프리카 ─ 1개
○ 체더치즈 ─ 2장

단호박(1개 기준) 익히는 법

단호박은 베이킹소다로 문질러 깨끗하게 씻은 후 통째로 전자레인지에 넣고 5분간 돌려주세요. 그런 다음 꺼내서 반으로 잘라 씨를 파내고 1/4크기로 자른 후 위생봉지에 넣어서 전자레인지에 다시 5분 돌려 완전히 익혀줍니다.(단호박 크기에 따라 전자레인지 돌리는 시간을 조절해주세요.) 사용하고 남은 단호박은 먹기 좋은 크기로 잘라서 용기에 넣어 냉장 보관해주세요.

1

2

3

4

1 네모난 전자레인지용 용기에 분량의 달걀지단 재료를 모두 넣고 잘 섞은 뒤 전자레인지에 1분 돌려 지단을 만들어주세요. 같은 과정을 반복하여 총 2장을 만듭니다.

> **TIP** 용기에 기름을 발라주면 완성된 지단이 더 쉽게 떨어져요. 유리 용기라면 기름을 바르지 않아도 잘 떨어집니다.

2 준비한 단호박 무스 재료를 채소다지기에 모두 넣고 잘게 다져주세요.

> **TIP** 채소다지기를 중간에 한번씩 흔들어주면 더 고루 다져집니다. 채소다지기가 없다면 칼로 잘게 다져주면 됩니다.

3 ①에서 만들어둔 달걀지단 1장을 아래에 깔고 그 위에 청상추 10장, 씨를 제거하고 넓게 펼친 빨강 파프리카, 체더치즈 2장, ②에서 만든 단호박 무스를 차례로 올린 뒤 나머지 달걀지단 1장으로 덮어주세요.

4 ③의 샌드위치를 랩으로 팽팽하게 2번 감싼 뒤 칼을 이용해 반으로 잘라주세요.

> **TIP** 매직랩을 사용할 경우 첫 번째 감쌀 때는 끈적한 면이 바깥으로 가도록 하고, 두 번째 감쌀 때는 안쪽을 향하게 해주세요.

달걀빵

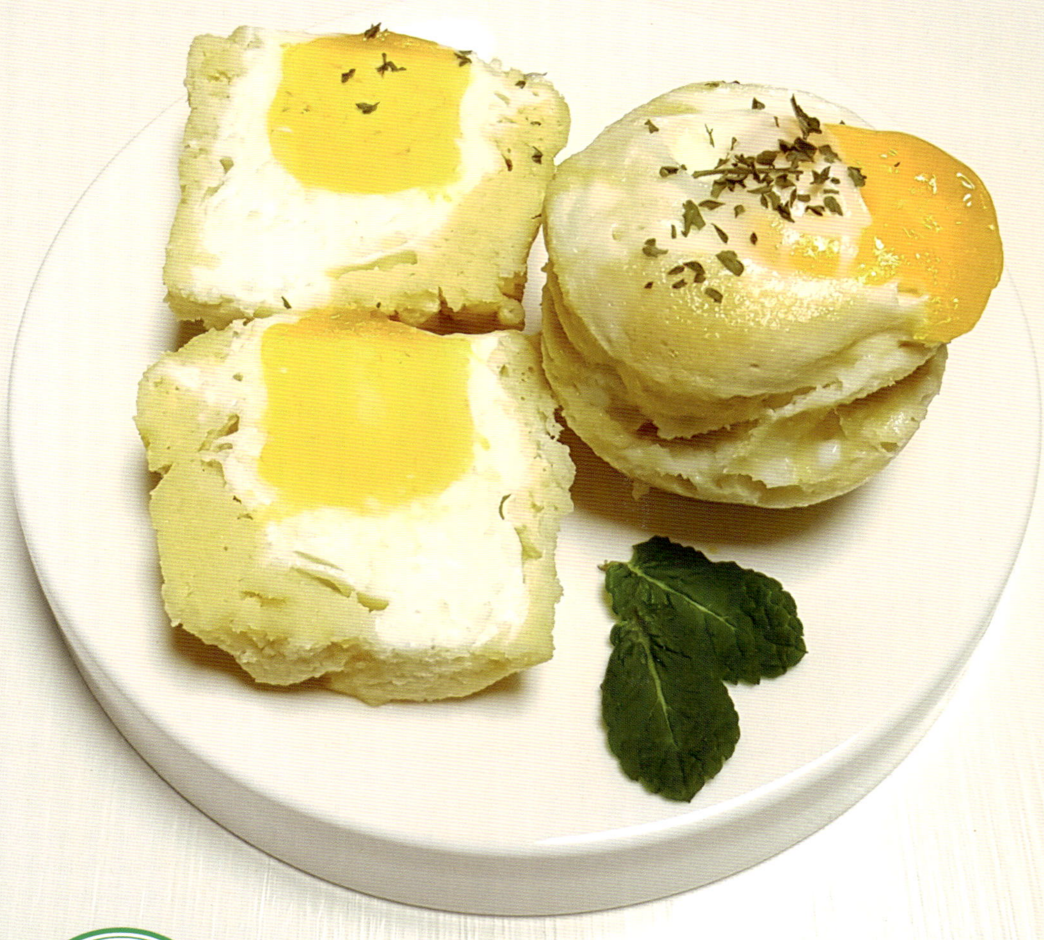

#전자레인지
2분

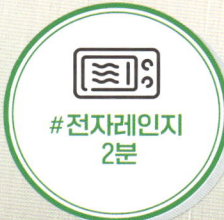

빵 반죽
○ 달걀 — 1개
○ 아몬드가루 — 3숟가락
○ 베이킹파우더 — 1/3숟가락
○ 아몬드밀크[무설탕] — 1숟가락
○ 코코넛오일 — 1숟가락
○ 에리스리톨 — 2/3숟가락
○ 소금 — 조금

○ 달걀 — 2개
○ 코코넛오일 — 조금
○ 에리스리톨 — 조금
○ 소금 — 조금
○ 파슬리가루 — 조금

1 그릇에 분량의 빵 반죽 재료를 모두 넣고 잘 섞어주세요.

2 종이컵을 2개 준비하여 밑면과 옆면에 코코넛오일을 조금씩 골고루 발라준 다음 ①의 반죽을 종이컵 2개에 나누어 담아주세요.

> **TIP** 종이컵에 오일을 발라줘야 나중에 빵이 쉽게 떨어집니다. 올리브오일이나 아보카도오일도 사용 가능하지만 제가 만들어보니 코코넛오일 향이 달걀빵에 제일 잘 어울렸어요.

3 ②의 종이컵에 달걀을 각각 하나씩 넣고 위에 소금, 에리스리톨을 조금 뿌려준 후 포크로 노른자에 구멍을 뚫어주세요.

> **TIP** 노른자에 구멍을 뚫지 않으면 전자레인지에서 돌릴 때 노른자가 터져서 다 튀어요.

4 ③의 종이컵 2개를 한꺼번에 전자레인지에서 2분간 돌려서 익힌 다음 꺼내서 파슬리가루를 뿌려주면 완성입니다.

> **TIP** 완숙을 원하시면 2분 30초 돌려주세요. 혹시 달걀 비린내에 예민하다면 바닐라오일을 3방울 정도 넣어주면 좋아요. 종이컵과 빵이 분리가 잘 안될 때는 가위로 종이컵 옆면을 잘라주면 쉽게 꺼낼 수 있어요.

달걀피자

#전자레인지
3분 + 2분

달걀물
- 달걀 — 1개
- 양파 — 1/4개
- 노랑 파프리카 — 1/4개
- 새송이버섯 — 1/2개
- 소금 — 조금

- 방울토마토 — 2거
- 블랙올리브 — 조금
- 모차렐라치즈 — 1줌
- 스리라차소스 — 조금
- 파슬리가루 — 조금

1 채소다지기에 준비한 달걀물 재료를 모두 넣고 잘 다져주세요.

2 전자레인지 받침대 위에 접시형 종이포일을 올리고 ①의 달걀물을 넣어 잘 펼쳐준 후 전자레인지에 넣어 3분간 돌려주세요.

3 ②를 전자레인지에서 꺼낸 다음 스리라차소스를 바르고 모차렐라치즈를 고루 뿌린 뒤에 슬라이스한 방울토마토, 블랙올리브를 적당히 올리고 전자레인지에 다시 넣어 2분 더 돌려주세요.

4 잘 익은 ③의 피자 위에 파슬리가루를 조금 뿌려주고 가위로 6등분 해주면 완성입니다.

달걀프리타타

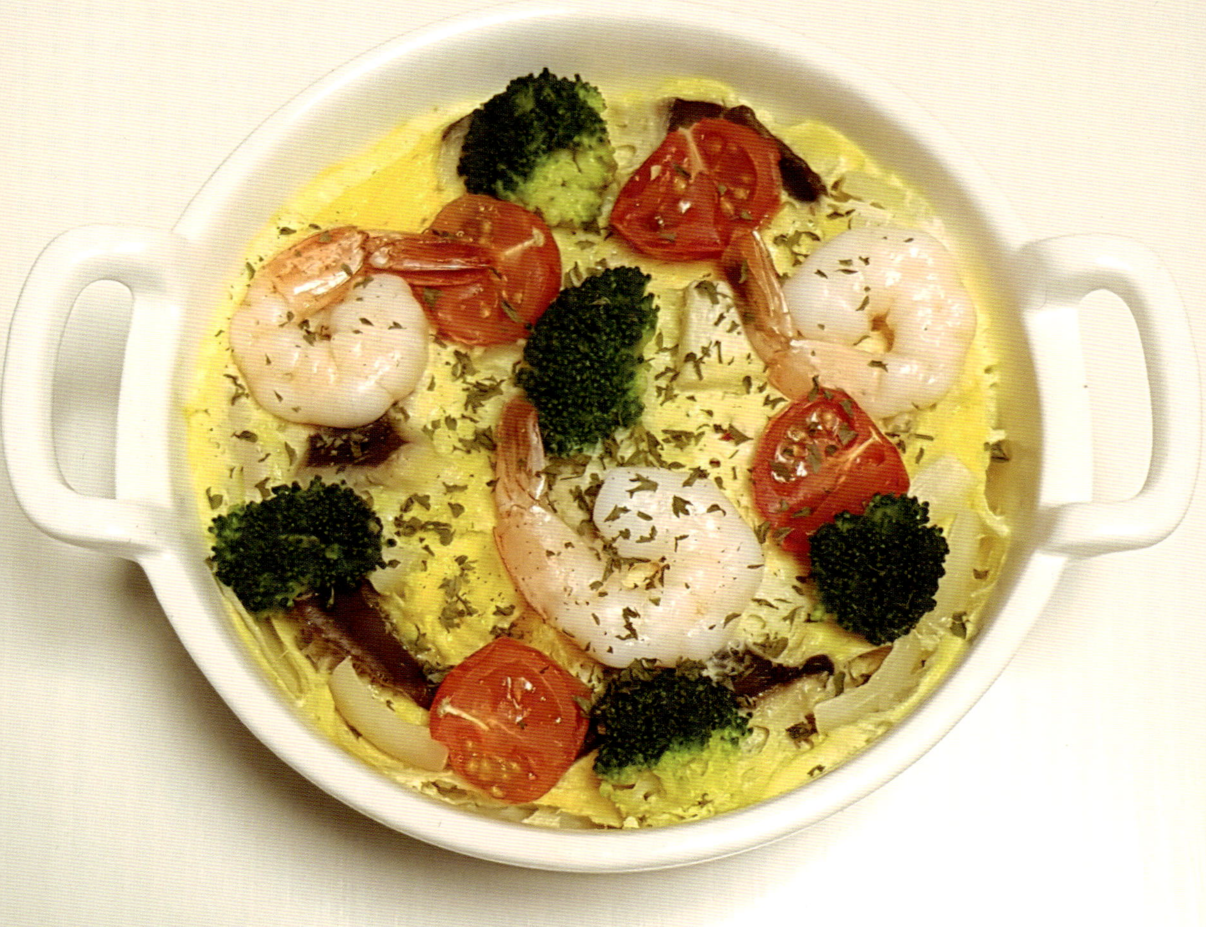

#전자레인지
8분

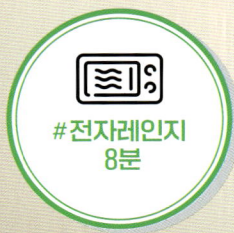

재료

재료 ▶ **1인분**

○ 냉동 새우 — 3마리
○ 양파 — 1/4개
○ 파프리카 — 1/4개
○ 새송이버섯 — 1/2개
○ 방울토마토 — 2개
○ 브로콜리 — 조금
○ 파슬리가루 — 조금

달걀물

○ 달걀 — 2개
○ 아몬드밀크〔무설탕〕 — 4숟가락
○ 소금 — 조금
○ 후춧가루 — 조금

1 전자레인지용 그라탱 용기에 양파, 파프리카, 새송이버섯을 가위로 먹기 좋은 크기로 잘라 넣어주세요.

2 다른 그릇에 준비한 달걀물 재료를 모두 넣어 달걀물을 만든 다음 ① 의 그라탱 용기에 부어주세요.

3 ②의 달걀물 위에 냉동 새우, 반으로 자른 방울토마토, 브로콜리를 보기 좋게 올린 뒤 뚜껑을 덮고 전자레인지에 넣고 8분간 돌려주세요.

4 잘 익은 프리타타 위에 파슬리가루를 뿌려주면 완성입니다.

달걀깻잎토르티야

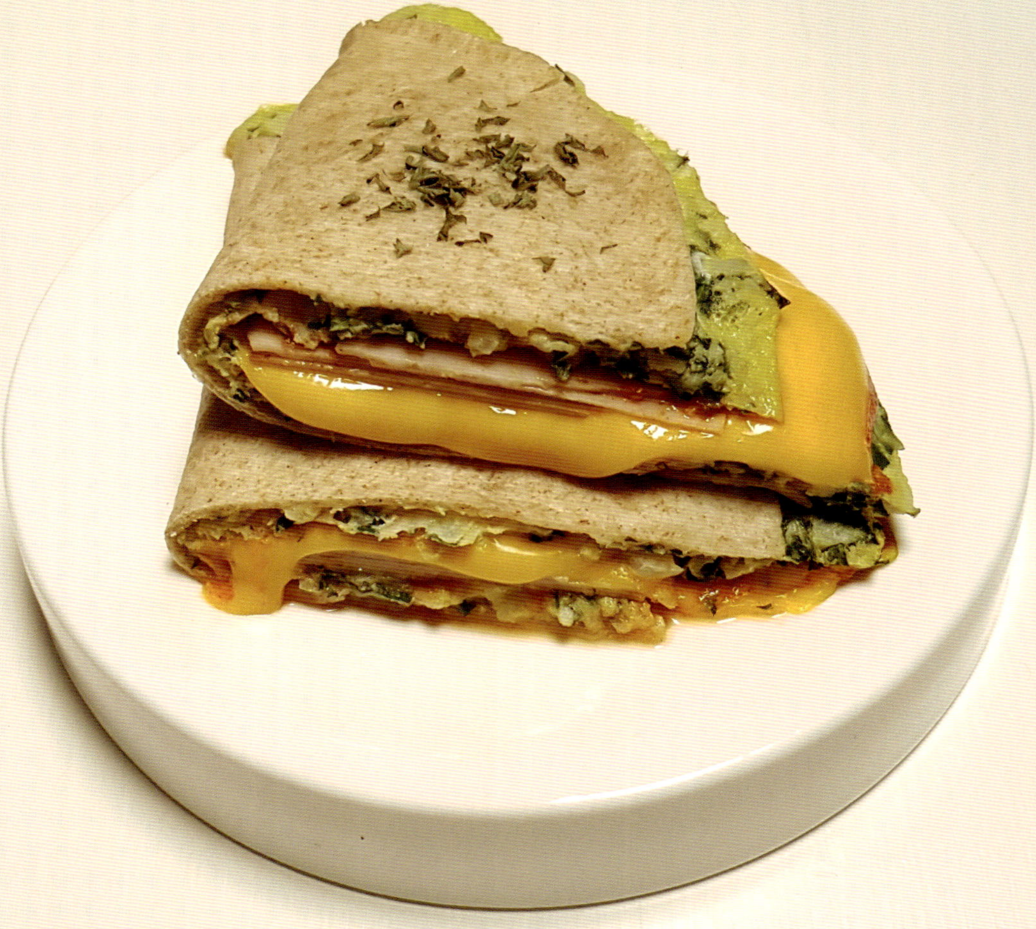

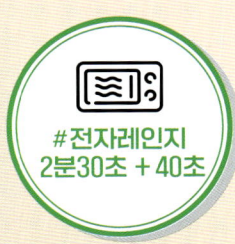

#전자레인지
2분30초 + 40초

○ 달걀 ― 1개
○ 양파 ― 1/4개
○ 깻잎 ― 3장
○ 통밀 토르티야 ― 1장
○ 닭가슴살 슬라이스햄 ― 4장
○ 체더치즈 ― 1장
○ 스리라차소스 ― 조금

1   채소다지기에 달걀, 양파, 깻잎을 넣고 곱게 다져주세요.

2   ①의 재료를 접시형 종이포일에 올려 잘 펼친 다음, 그 위에 통밀 토르티야 1장을 올리고 전자레인지에 넣어 2분 30초 돌려주세요.

3   ②를 꺼내 통밀 토르티야 부분이 아래로 가도록 접시에 올리고 위에 스리라차소스를 뿌린 뒤 체더치즈와 닭가슴살 슬라이스햄을 올리고 반으로 접어주세요.

> **TIP** 저는 작은 사이즈의 직사각형 닭가슴살 슬라이스햄을 사용했어요. 정사각형 닭가슴살 슬라이스햄을 준비했다면 2장 사용해주세요.

4   ③의 토르티야를 가위로 2등분한 뒤 전자레인지에 넣고 40초간 돌려 치즈를 녹여주면 완성입니다.

달걀바나나피자

피자 반죽

○ 달걀 ― 1개
○ 아몬드가루 ― 1숟가락
○ 에리스리톨 ― 1/2숟가락
○ 소금 ― 조금
○ 시나몬가루 ― 조금

○ 바나나 ― 1개
○ 체더치즈 ― 1/2가
○ 모차렐라치즈 ― 조금
○ 플레인요거트(무설탕) ― 2숟가락
○ 슬라이스 아몬드 ― 조금
○ 시나몬가루 ― 조금

1 그릇에 분량의 피자 반죽 재료를 모두 넣고 잘 섞어주세요.

2 ①의 반죽을 접시형 종이포일에 넣고 잘 펼쳐준 후 슬라이스한 바나나, 작게 자른 체더치즈, 모차렐라치즈를 올려주세요.

3 ②의 피자를 전자레인지에 넣고 3분간 돌려주세요.

4 ③의 피자를 꺼내 가위로 8등분한 다음 준비한 요거트를 올리고 슬라이스 아몬드와 시나몬가루를 뿌려 완성하세요.

수란과카몰리 오픈샌드위치

#전자레인지
1분30초

과카몰리

○ 아보카도 — 1/2개
○ 방울토마토 — 2개
○ 다진 양파 — 1숟가락
○ 올리브오일 — 1/2숟가락
○ 레몬즙 — 1/3숟가락
○ 소금 — 조금

○ 통밀 식빵 — 1장
○ 달걀 — 1개
○ 파슬리가루 — 조금
○ 크러시드 레드페퍼 — 조금

1 그릇에 으깬 아보카도, 잘게 자른 방울토마토, 그리고 나머지 과카몰리 재료를 모두 넣고 잘 섞어서 과카몰리를 만들어주세요.

통밀 식빵 위에 ①의 과카몰리를 올려주세요.

2 수란을 만들어 ②의 과카몰리 위에 올려줍니다.

3 ③ 위에 파슬리가루, 크러시드 레드페퍼를 뿌려서 완성해주세요.

4

수란 만드는 법

전자레인지용 작은 용기에 뜨거운 물 1/2컵을 붓고 소금 조금과 식초 1숟가락을 넣어 잘 섞은 다음 달걀 1개를 깨뜨려 넣은 뒤 용기 뚜껑을 덮고 전자레인지에서 2분간 돌립니다.

달걀스크램블 오픈샌드위치

#전자레인지
1분30초 + 30초

재료

1인분

달걀 스크램블

○ 달걀 — 2개
○ 아몬드밀크[두설탕] — 4숟가락
○ 에리스리톨 — 1/2숟가락
○ 소금 — 조금

○ 통밀 식빵 — 1장
○ 방울토마토 — 1개
○ 닭가슴살 슬라이스햄 — 4장
○ 체더치즈 — 1장
○ 파슬리가루 — 조금

1 그릇에 달걀 스크램블 재료를 모두 넣고 잘 섞은 다음 전자레인지에 1분 30초 돌려주세요.

2 ①의 달걀을 꺼내 익은 부분을 포크로 잘 으깨준 후 다시 한번 전자레인지에 넣어 30초 정도 돌린 다음 꺼내 또다시 포크로 으깨주세요.

3 통밀 식빵 위에 준비한 닭가슴살 슬라이스햄과 체더치즈를 올리고 ②의 스크램블을 조심스럽게 올려주세요.

> **TIP** 저는 작은 사이즈의 직사각형 닭가슴살 슬라이스햄 4장을 겹쳐서 올려 줬어요. 정사각형 슬라이스햄을 준비했다면 2장만 사용하면 됩니다.

4 방울토마토 1개를 슬라이스해서 ③의 스크램블 위에 올리고 파슬리가루를 뿌려서 맛있게 드세요.

> **TIP** 스리라차소스를 곁들이면 훨씬 맛있어요.

달걀땡초김밥

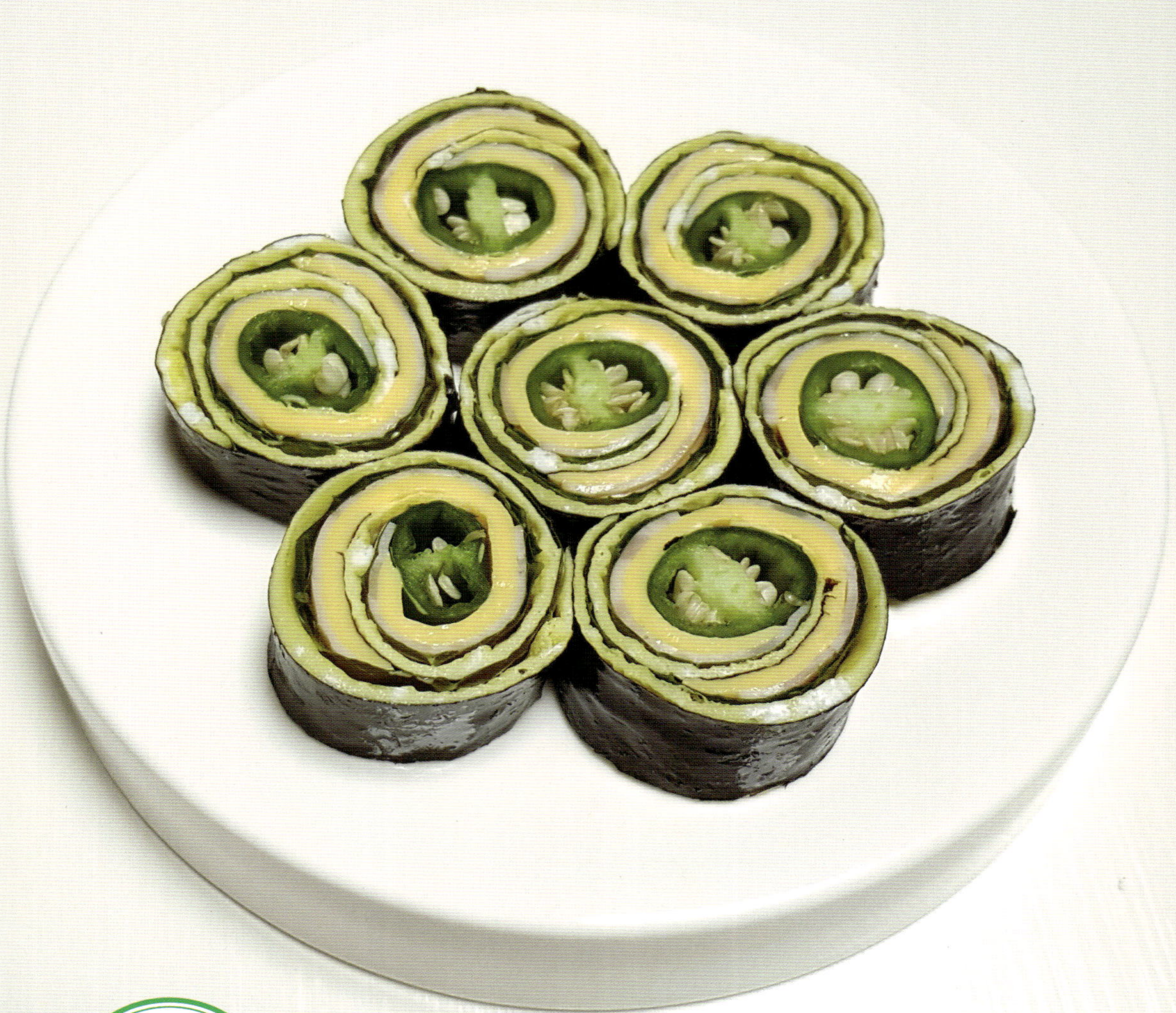

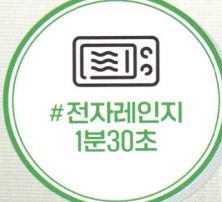

#전자레인지
1분30초

달걀지단
- ○ 달걀 — 1개
- ○ 소금 — 조금

- ○ 김밥김 — 1장
- ○ 깻잎 — 4장
- ○ 청양고추 — 2개
- ○ 닭가슴살 슬라이스햄 — 4장
- ○ 체더치즈 — 1½장
- ○ 참기름 — 조금
- ○ 스리라차소스 — 조금

1 그릇에 달걀지단 재료를 넣고 잘 섞어서 달걀물을 만들어주세요.

2 ①의 달걀물을 접시형 종이포일에 부어 얇게 펼친 다음 전자레인지에 넣고 1분 30초 돌려서 달걀지단을 만들고 한 김 식혀주세요.

> **TIP** 종이포일에는 기름을 바르지 않아도 달걀지단이 잘 떨어져요. 끝부분부터 천천히 떼내면 됩니다. 달걀 크기에 따라 지단 만드는 시간이 달라질 수 있어요. 특란을 사용했다면 2분 정도 돌려주세요. 달걀지단이 덜 익으면 깔끔하게 떼어내기 힘드니 주의하세요.

3 준비한 김 위에 ②의 한 김 식힌 달걀지단 — 깻잎 — 닭가슴살 슬라이스햄 — 체더치즈 — 청양고추 순서로 재료들을 차례차례 올린 뒤 잘 말아주세요.

> **TIP** 매운맛을 안 좋아한다면 청양고추 대신 풋고추나 오이고추를 사용해도 됩니다.
> 김밥을 말 때 손가락 두 마디 정도 김 끝부분을 남겨두고 재료를 놓아야 잘 풀어지지 않아요.

4 ③의 김밥에 참기름을 조금 바른 뒤 칼로 먹기 좋은 크기로 잘라 스리라차소스를 뿌려서 드세요.

달걀지단국수

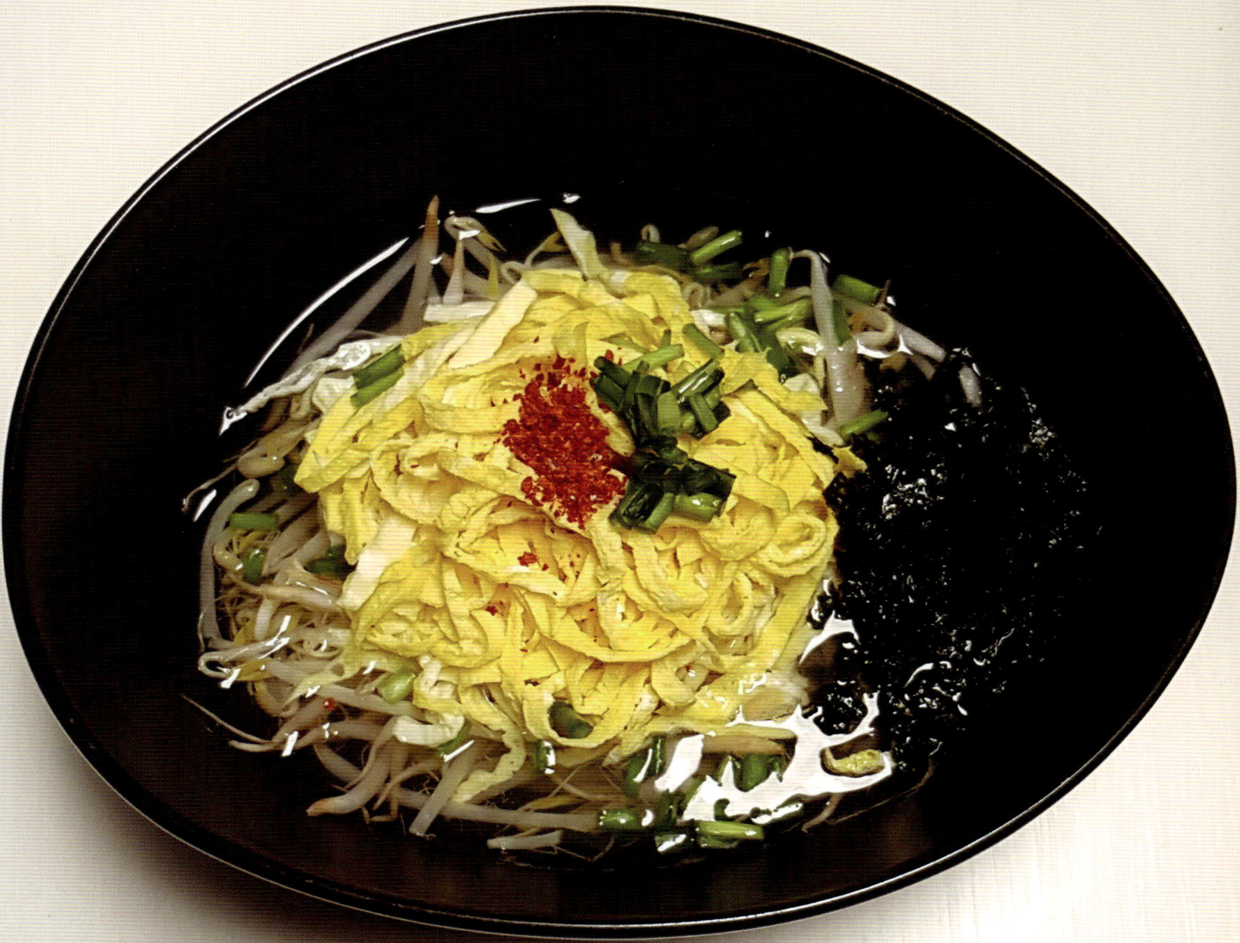

#전자레인지
1분30초 +
1분30초+5분

달걀지단
- 달걀 — 1개
- 소금 — 조금

- 숙주 — 1줌(70g)
- 쪽파 — 조금
- 다진 마늘 — ˚/2숟가락
- 물 — 1½컵
- 참치액 — 1숟가락
- 고춧가루 — 조금
- 김가루 — 조금

1 그릇에 달걀지단 재료를 넣고 잘 섞은 다음 접시형 종이포일에 넣고 얇게 펼쳐서 전자레인지에 1분 30초 돌려 달걀지단을 만듭니다. 같은 과정을 반복하여 지단을 2장 만들어주세요.

2 ①의 달걀지단을 떼낸 다음 돌돌 말아서 가위로 얇게 자른 뒤 동글동글 말려 있는 달걀지단을 풀어서 준비해둡니다.

> **TIP** 종이포일에는 기름을 바르지 않아도 달걀지단이 잘 떨어져요. 끝부분부터 천천히 떼어내면 됩니다. 달걀 크기에 따라 지단 만드는 시간이 달라질 수 있어요. 특란을 사용했다면 2분 정도 돌려주세요. 달걀지단이 덜 익으면 깔끔하게 떼어내기 힘드니 주의하세요.

3 전자레인지용 그릇에 준비한 물, 숙주, 참치액, 다진 마늘을 넣고 전자레인지에서 5분간 돌려주세요.

4 ③을 꺼내서 위에 ②의 달걀지단을 올려주고 김가루, 고춧가루, 잘게 썬 쪽파를 조금씩 얹어주면 완성입니다.

> **TIP** 참깨를 조금 추가해도 맛있어요.

PART 2

DIET RECIPE

접는 두부김밥

- 김밥김 — 1장
- 두부 — 2/3모
- 달걀 — 1개
- 깻잎 — 2장
- 체더치즈 — 1장

제육볶음

- 돼지고기 뒷다리살(불고기용) — 80g
- 다진 마늘 — 1/2숟가락
- 간장 — 2/3숟가락
- 참기름 — 1/3숟가락
- 스리라차소스 — 1/2숟가락
- 에리스리톨 — 1/2숟가락
- 고춧가루 — 1/2숟가락
- 후춧가루 — 조금

고기 양이 적어서 전자레인지에서 3분이면 잘 익습니다. 고기에 양념을 할 때는 한 장 한 장 잘 떼어서 사이사이에 양념이 잘 배도록 하세요. 돼지고기 뒷다리살은 불고기용으로 구입하면 얇게 저며져 있어요. 불고기용으로 조리하면 양념도 잘 배고 조리시간도 단축됩니다. 뒷다리살은 지방이 적어서 다이어트에도 좋고 가격도 저렴한데 대신 식감이 약간 퍽퍽합니다. 이에 비해 앞다리살은 지방 함량이 조금 높지만 더 맛있어요. 뒷다리살보다는 약간 비싸지만 삼겹살 같은 부위에 비해선 훨씬 저렴합니다. 장단점을 고려해서 원하는 부위로 선택하면 됩니다.

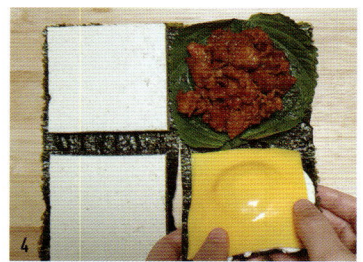

1 그릇에 달걀 1개를 넣고 포크로 노른자에 구멍을 낸 후 전자레인지에 1분 10초 돌려 달걀프라이를 만들어주세요.

2 그릇에 준비한 제육볶음 재료를 모두 넣고 잘 섞어준 후 뚜껑을 덮고 전자레인지에 2분 돌렸다가 꺼냅니다. 그리고 고기를 가위로 먹기 좋은 크기로 잘라 한번 섞어준 후 다시 뚜껑을 덮고 전자레인지에서 1분간 돌려주세요.

3 김밥김의 가운데를 1/2만 잘라 준비해주세요.

4 두부를 김밥김의 1/4 정도 크기로 잘라 2장을 준비해 전자레인지에 넣고 1분 돌린 후 키친타월로 물기를 닦아주고 한 김 식혔다가 김밥김 왼쪽 위와 아래에 각각 1장씩 올립니다. 오른쪽 위에는 깻잎 2장과 ②의 제육볶음, 그 아래에는 ①의 달걀프라이와 준비한 체더치즈 1장을 올려주세요. 그런 다음 오른쪽 아래부터 위로 접고 다시 왼쪽으로 접고 다시 아래로 접어주세요. 접은 김밥은 랩으로 2번 팽팽하게 랩핑해서 반으로 잘라 완성합니다.

두부라따뚜이

#전자레인지
1분30초 + 5분

재료

1인분

○ 두부 — 1/2개
○ 애호박 — 1/2개
○ 가지 — 1/2개
○ 체더치즈 — 1장
○ 모차렐라치즈 — 조금
○ 파스타용 토마·토소스 — 8숟가락
○ 소금 — 조금
○ 후춧가루 — 조금

1 애호박과 가지는 채칼로 얇게 저미듯 동그랗게 썰어 준비해두세요.

2 그릇에 키친타월로 물기를 뺀 두부를 넣어 으깬 뒤 소금, 후춧가루를 넣고 비벼서 전자레인지에서 1분 30초 돌려주세요.

> **TIP** 두부를 먼저 전자레인지에 돌려주면 두부 냄새를 날릴 수 있어요.

3 전자레인지 용기에 파스타용 토마토소스 8숟가락을 넣고, 으깬 두부를 올리고, 체더치즈 1장을 올려주세요.

> **TIP** 파스타용 토마토소스마다 짠맛이 다르니 우선 간을 보고 나서 입맛에 맞게 양을 조절해서 넣어주세요

4 ③ 위에 ①에서 준비해둔 애호박과 가지를 번갈아가며 빙 돌려서 올린 다음 위에 모차렐라치즈를 조금 얹고 뚜껑을 덮은 뒤 전자레인지에 넣어 5분간 돌려주면 완성입니다.

> **TIP** 먹을 때는 떠서 먹는 것보다 비벼서 먹는 게 더 맛있어요. 토마토수프처럼 속이 따뜻해집니다.

두부과자

#전자레인지
10분 + 2분

재료   1인분

○ 두부 — 1/2모
○ 허브솔트 — 조금

1   두부는 한입 크기로 얇게 썰어 총 16조각을 만들어주세요.

2   종이포일 위에 ①의 자른 두부를 겹치지 않게 올리고 허브솔트를 뿌려주세요.

> **TIP** 허브솔트는 허브맛, 마늘맛 다 좋은데 저는 마늘맛이 제일 맛있었어요.
> 일반 소금을 사용해도 괜찮습니다.

3   ②의 두부를 전자레인지에 넣고 10분 돌려주고 꺼내서 뒤집은 후 다시 2분간 돌려주세요

> **TIP** 두부에는 수분이 많아서 이 정도 돌려도 타지 않습니다. 이때 귀퉁이 부분은 원래 바삭하게 잘 안 구워져요. 귀퉁이 부분까지 구우려고 오래 돌리다가 태워먹을 수 있으니 주의하세요. 레시피대로 만들면 중간은 바삭하고 귀퉁이는 쫀득해서 두 부분 다 맛있어요.

4   구운 ③의 두부를 꺼낸 뒤 충분히 식혀주면 완성입니다.

> **TIP** 두부를 한 김 식혀야 바삭하게 즐길 수 있어요.

두부가지샌드

○ 가지 ─ 1개
○ 스리라차소스 ─ 조금
○ 소금 ─ 조금

고기 소
○ 돼지고기 뒷다리살(불고기용) ─ 50g
○ 두부 ─ 1/4모
○ 양파 ─ 1/4개
○ 굴소스 ─ 1/2숟가락

1

2

3

4

1 가지는 2cm 정도 두께로 여러 토막을 낸 뒤 토막마다 가운데에 칼집을 깊게 내주세요. 그런 다음 칼집 사이에 소금을 아주 조금 뿌려둡니다.

> **TIP** 가지에 칼집을 넣을 때 나무젓가락을 가지 양옆에 두면 동강 내는 일 없이 칼집만 깊게 낼 수 있어요.

2 채소다지기에 고기 소 재료를 모두 넣은 뒤 곱게 다져주세요.

> **TIP** 두부는 키친타월로 물기를 제거한 다음 사용하세요.

3 ①의 가지 속에 ②에서 만든 고기 소를 두툼하게 채우고 뚜껑을 덮은 뒤 전자레인지에 넣어 4분간 돌려주세요.

> **TIP** 고기 소를 넣을 때 가지의 칼집 낸 부분이 갈라져버리지 않게 조심해주세요.

4 ③의 가지샌드를 꺼내 스리라차소스와 곁들여 내세요.

> **TIP** 스리라차소스는 생략 가능합니다.

돼지고기 뒷다리살은 불고기용으로 구입하면 얇게 저며져 있어요. 불고기용으로 조리하면 양념도 잘 배고 조리시간도 단축됩니다. 뒷다리살은 지방이 적어서 다이어트에도 좋고 가격도 저렴한데 대신 식감이 약간 퍽퍽합니다. 이에 비해 앞다리살은 지방 함량이 조금 높지만 더 맛있어요. 뒷다리살보다는 약간 비싸지만 삼겹살 같은 부위에 비해선 훨씬 저렴합니다. 장단점을 고려해서 원하는 부위로 선택하면 됩니다.

포두부에그슬럿

#에어프라이어
5분 + 10분

<table>
<tr><td>재료</td><td>1인분</td></tr>
</table>

- 포두부 — 30g
- 달걀 — 1개
- 고구마 — 1/2개(中)
- 소금 — 조금
- 파슬리가루 — 조금

1 그릇에 고구마를 적당한 크기로 잘라 넣고 뚜껑을 덮은 후 전자레인지에 3분간 돌려 익힌 다음 포크로 으깨주세요.

> **TIP** 고구마를 위생봉투에 담아 전자레인지에서 익혀도 됩니다.

2 포두부 30g을 두부면 두께로 자르고 물에 한 번 헹궈 물기를 빼주고 소금을 조금 뿌려 섞어준 후 종이포일 위에 동그랗게 모양을 잡아서 올려줍니다. 그 위에 ①의 으깬 고구마를 그릇 모양으로 만들어 얹은 다음 에어프라이어 180℃에서 5분간 돌려주세요.

> **TIP** 포두부 대신 두부면을 사용해도 괜찮아요.

3 ②를 에어프라이어에서 꺼낸 다음 고구마 안에 달걀 1개를 넣어주고 포크로 노른자에 구멍을 낸 후 160℃에서 10분간 다시 구워주세요.

4 ③의 달걀 위에 파슬리가루를 조금 뿌려주면 완성입니다.

두부김치전

#에어프라이어
10분

재료

- ○ 두부 — 1/4모
- ○ 달걀 — 1개
- ○ 김치 — 2숟가락(50g)
- ○ 아보카도오일(스프레이형) — 조금
- ○ 소금 — 조금
- ○ 파슬리가루 — 조금

1 채소다지기에 두부, 김치 2숟가락을 넣고 다져주세요.

2 에어프라이어에 접시형 종이포일을 깔고 ①을 펼쳐주고 위에 달걀 1개를 깨뜨려 넣고 잘 펴준 다음 소금을 조금 뿌려주세요.

3 ② 위에 아보카도오일을 뿌리고 에어프라이어에 넣어 180℃에서 10분 돌려주세요.

4 ③의 김치전을 접시에 옮겨 담고 파슬리가루를 조금 뿌려 완성해주세요.

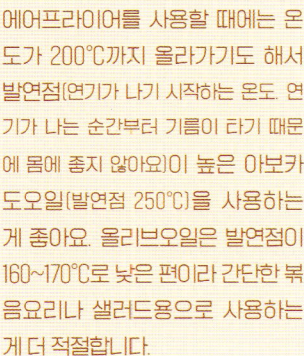

에어프라이어를 사용할 때에는 온도가 200℃까지 올라가기도 해서 발연점(연기가 나기 시작하는 온도. 연기가 나는 순간부터 기름이 타기 때문에 몸에 좋지 않아요)이 높은 아보카도오일(발연점 250℃)을 사용하는 게 좋아요. 올리브오일은 발연점이 160~170℃로 낮은 편이라 간단한 볶음요리나 샐러드용으로 사용하는 게 더 적절합니다.

두부당근케이크

#전자레인지
8분

케이크 반죽

- 두부 — 1/4모
- 달걀 — 1개
- 당근 — 1/4개
- 아몬드가루 — 4숟가락
- 견과류 — 1줌(20g)
- 에리스리톨 — 1숟가락
- 소금 — 조금

- 크림치즈 — 20g
- 슬라이스 아몬드 — 조금
- 올리브오일 — 조금

1 채소다지기에 준비한 케이크 반죽 재료를 모두 넣고 곱게 다져주세요.

2 전자레인지 용기에 올리브오일을 조금 바른 다음 ①의 반죽을 넣고 평평하게 펼쳐준 후 전자레인지에 넣고 6분간 돌려주세요.

3 ②를 용기에서 꺼내 접시에 담고 크림치즈를 올린 뒤 슬라이스 아몬드를 뿌려주세요.

> **TIP** 크림치즈나 슬라이스 아몬드가 없다면 생략하고, 담백하게 즐기세요.

4 ③의 케이크를 먹기 좋은 크기로 잘라서 맛있게 드세요.

> **TIP** 이때 가위로 자르면 편리합니다. 이 케이크는 식은 뒤에 먹어도 맛있어요.

두부에그슬럿

○ 두부 — 1/4모
○ 달걀 — 2개
○ 참치 통조림 — 50g
○ 양파 — 1/8개
○ 느타리버섯 — 조금(25g)
○ 청양고추 — 1/2개
○ 홍고추 — 1/2개
○ 다진 마늘 — 1/2순가락
○ 소금 — 조금
○ 후춧가루 — 조금
○ 파슬리가루 — 조금

1 채소다지기에 달걀 1개와 준비한 두부, 참치 통조림, 양파, 느타리버섯, 다진 마늘, 청양고추, 홍고추, 소금, 후춧가루를 넣고 잘 다져주세요.

> **TIP** 나머지 달걀 1개는 잠시 뒤에 사용할 거예요.

2 에어프라이어에 접시형 종이포일을 깔고 ①을 모두 넣습니다. 그런 다음 한가운데에 숟가락으로 동그란 모양을 만들고 160℃에서 15분 돌려주세요.

3 ②의 동그랗게 판 부분을 다시 한번 숟가락으로 꾹꾹 눌러 달걀 들어 갈 자리를 만든 다음 달걀 1개를 깨뜨려 넣고 소금 조금 뿌린 후 젓가 락으로 노른자에 구멍을 내서 에어프라이어에서 160℃로 3분(완숙을 원하면 5분) 돌려주세요.

4 접시에 담아 노른자에 파슬리가루를 조금 뿌려 완성해주세요.

PART 3

닭가슴살

DIET RECIPE

닭가슴살콜리플라워리조토

재료

1인분

고기반죽

○ 냉동 닭가슴살 — 1개
○ 양파 — 1/4개
○ 냉동 콜리플라워 — 100g

○ 느타리버섯 — 50g
○ 체더치즈 — 1장
○ 다진 마늘 — 1/3숟가락
○ 굴소스 — 1/3숟가락
○ 달걀노른자 — 1개
○ 생크림 — 2/3컵
○ 소금 — 조금
○ 후춧가루 — 조금
○ 파슬리가루 — 조금

1 냉동 닭가슴살은 위생봉투에 담아 전자레인지에 넣고 2분 30초 돌려 해동한 뒤 2/3 분량만 채소다지기에 넣습니다. 여기에 준비한 양파, 냉동 콜리플라워를 같이 넣고 잘 다져서 고기 반죽을 만들어주세요. 느타리버섯과 남겨둔 익힌 닭가슴살 1/3은 가위를 이용해 적당한 크기로 잘라 따로 준비해주세요.

> **TIP** 이때 닭가슴살은 살짝 덜 익어도 괜찮아요. 재료를 몽땅 다지면 씹는 맛이 없어서 버섯과 고기 일부는 따로 넣어줬습니다.

2 전자레인지 용기에 ①에서 만든 고기 반죽을 넣고 준비한 생크림, 다진 마늘, 굴소스, 소금, 후춧가루를 넣어 잘 섞은 뒤 전자레인지에서 4분간 돌린 다음 꺼내서 잘 섞어주세요.

3 ①에서 가위로 잘라둔 느타리버섯과 닭가슴살을 ② 위에 올리고 체더치즈 1장을 얹어서 전자레인지에 넣고 3분간 돌려주세요.

> **TIP** 나중에 달걀노른자를 올릴 수 있도록 한가운데를 숟가락 등으로 살짝 움푹하게 눌러준 다음 체더치즈를 올려주세요.

4 ③을 꺼낸 다음 치즈 위 움푹 패인 곳에 달걀노른자를 올리고 파슬리가루를 뿌려 뜨거울 때 노른자를 터트려 섞은 후 맛있게 드세요.

닭가슴살월남쌈

○ 냉동 닭가슴살 — 1개
○ 라이스페이퍼 — 적당량
○ 오이 — 1/3개
○ 노랑 파프리카 — 1/2개
○ 빨강 파프리카 — 12/개
○ 양파 — 1/4개
○ 깻잎 — 5장
○ 게맛살 — 2개

땅콩소스

○ 플레인요거트(무설탕) — 2숟가락
○ 땅콩버터 — 1/2숟가락
○ 알룰로스 — 1숟가락
○ 머스터드 — 1/3숟가락
○ 소금 — 조금
○ 후춧가루 — 조금
○ 파슬리 — 조금

> 닭가슴살의 크기에 따라 익는 시간이 다를 수 있으니 3분 돌린 후 반으로 잘라서 확인한 뒤 덜 익었으면 1분 정도 더 돌려주세요. 이때 너무 오래 익히면 닭가슴살이 질겨지므로 주의하세요. 3분 돌린 후 바로 꺼내지 않고 전자레인지에 그대로 두고 뜸을 들인 뒤 채소 준비가 다 되면 마지막에 꺼내서 찢어주는 것도 적당히 익히는 요령 중 하나입니다.

1 위생봉투에 냉동 닭가슴살 1개를 넣고 전자레인지에 3분 돌려 익힌 다음 잘게 찢어주세요.

2 그릇에 분량의 땅콩소스 재료를 모두 넣고 잘 섞어 월남쌈 소스를 만들어주세요.

> TIP 땅콩버터는 싫어한다면 빼고 만들어도 상관없어요.

3 ①의 닭가슴살과 함께 새끼손가락 굵기 정도로 채 썬 오이, 노랑 파프리카, 빨강 파프리카, 양파, 깻잎, 길게 3등분한 게맛살을 접시 위에 올려주세요.

> TIP 손질 후 가위로 잘라도 편리합니다. 파프리카는 꼭지와 씨를 제거하고, 깻잎은 줄기 부분과 끝의 뾰족한 부분을 조금 잘라낸 후 사용하세요.

4 따뜻한 물에 적신 라이스페이퍼 위에 ③의 재료와 ②에서 만든 땅콩소스를 올리고 돌돌 말아서 소스에 찍어 맛있게 드세요.

닭가슴살자투리채소케사디야

#전자레인지
3분 + 2분

○ 냉동 닭가슴살 — 1개
○ 통밀 토르티야 — 2장
○ 양파 — 1/4개
○ 애호박 — 40g
○ 느타리버섯 — 30g
○ 모차렐라치즈 — 1줌
○ 파스타용 토마토소스 — 4숟가락
○ 카레가루 — 1/2숟가락
○ 파슬리가루 — 조금

닭가슴살의 크기에 따라 익는 시간이 다를 수 있으니 3분 돌린 후 반으로 잘라서 확인한 뒤 덜 익었으면 1분 정도 더 돌려주세요. 이때 너무 오래 익히면 닭가슴살이 질겨지므로 주의하세요. 3분 돌린 후 바로 꺼내지 않고 전자레인지에 그대로 두고 뜸을 들인 뒤 다른 재료 준비가 다 되면 마지막에 꺼내서 찢어주는 것도 적당히 익히는 요령 중 하나입니다.

1 위생봉투에 냉동 닭가슴살 1개를 넣고 전자레인지에 3분 돌려서 익힌 다음 결대로 찢어서 준비해주세요.

2 그릇에 ①의 닭가슴살을 담고, 양파와 애호박은 굵게 다져서 넣고, 느타리버섯은 가위로 잘라서 넣어주세요. 여기에 파스타용 토마토소스, 카레가루를 넣은 뒤 잘 섞어서 뚜껑을 덮고 전자레인지에서 3분간 돌려주세요.

> **TIP** 채소는 식감을 위해 너무 작지 않게 잘라주세요.
> 파스타용 토마토소스는 제품마다 짠맛이 다르니 3숟가락 먼저 넣고 간을 본 후 입맛에 따라 1숟가락 더 추가하는 것을 권합니다.
> 용기 뚜껑이 없다면 그릇을 위생봉투에 넣고 봉투 입구를 연 채 전자레인지에서 돌리면 됩니다.

3 통밀 토르티야 1장 위에 전자레인지에서 익힌 ②를 올리고 모차렐라치즈 1줌을 고루 올린 다음 나머지 토르티야 1장을 덮어 전자레인지에 넣고 2분 돌려주세요.

4 ③의 케사디야를 전자레인지에서 꺼내 한 김 식힌 다음 가위로 4등분한 뒤 파슬리가루를 뿌려주면 완성입니다.

5분 닭갈비

#전자레인지
1분 + 2분
+ 3분

재료

- 냉동 닭가슴살 — 1개
- 고구마 — 30g
- 양배추 — 100g
- 대파 — 15g(6㎝ 정도)
- 청양고추 — 1개
- 청상추 — 2장
- 다진 마늘 — 1/2숟가락
- 에리스리톨 — 1숟가락
- 간장 — 1숟가락
- 참기름 — 1숟가락
- 스리라차소스 — 1숟가락
- 고춧가루 — 1숟가락
- 카레가루 — 1/3숟가락
- 통깨 — 조금

1 냉동 닭가슴살 1개를 위생봉투에 넣고 전자레인지에 1분간 돌려서 해동해주세요.

2 그릇에 ①의 해동시킨 닭가슴살을 가위로 먹기 좋은 크기로 잘라서 넣고, 얇게 썬 고구마, 다진 마늘, 에리스리톨, 고춧가루, 카레가루, 간장, 스리라차소스, 참기름을 넣고 잘 섞은 다음 뚜껑을 덮고 전자레인지에 넣어 2분간 익혀주세요.

3 ②에 준비한 양배추, 대파, 청양고추를 가위로 먹기 좋은 크기로 잘라 넣고 잘 섞은 후 다시 뚜껑을 덮어 전자레인지에서 3분간 더 돌려주세요.

4 널찍한 그릇에 청상추 2장을 깔고 ③의 닭갈비를 꺼내 올린 후 통깨를 조금 뿌려 완성해주세요.

TIP 청상추 대신 집 냉장고에 있는 적상추나 깻잎을 사용하거나 아예 생략해도 괜찮습니다.

닭가슴살크런치칩

#전자레인지
4분 + 5분 +
1분 + 1분

재료 — 1인분

○ 냉동 닭가슴살 ─ 1개
○ 허브솔트(마늘맛) ─ 조금

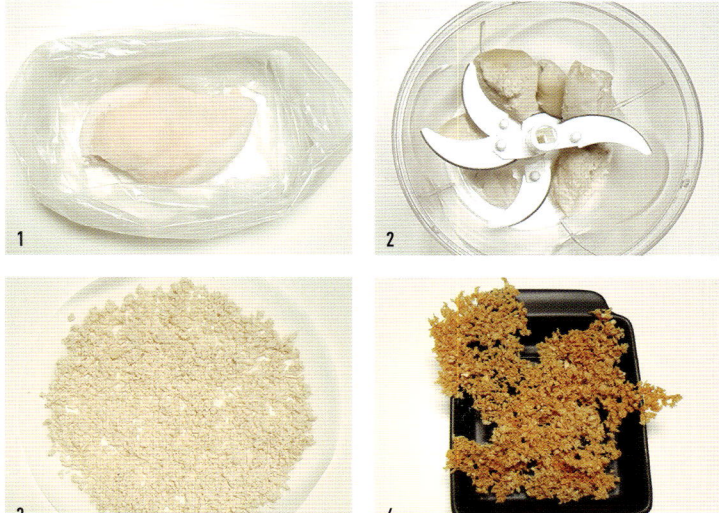

1 냉동 닭가슴살 1개를 위생봉투에 넣고 전자레인지에 4분간 돌려 익혀주세요.

2 채소다지기에 ①의 익힌 닭가슴살을 가위로 적당한 크기로 잘라 넣고 허브솔트를 조금 넣어준 후 최대한 곱게 다져주세요.

> **TIP** 허브솔트 대신 소금과 후추를 뿌려도 되고, 모두 생략하고 간 없이 만들어도 고소하고 맛있어요. 취향에 맞게 선택하세요.

3 종이포일에 ②의 다진 닭가슴살을 올려 최대한 얇게 펼쳐주고 전자레인지에 넣어 5분 돌려주세요. 그런 다음 꺼내 뒤집어서 다시 1분 돌려주고 꺼내서 1분 정도 식힌 후 다시 1분 돌려주세요.

> **TIP** 전자레인지 기종마다 세기가 다르니 5분 이후부터는 1분씩 추가로 돌리면서 닭가슴살의 바삭한 정도를 확인하세요.

4 ③의 구운 닭가슴살을 꺼내서 완전히 식혀 바삭바삭해지면 완성입니다.

> **TIP** 먹고 남은 닭가슴살 크런치칩은 밀폐용기에 담아 보관해주세요.

닭가슴살핫바

#전자레인지 1분

#에어프라이어
10분 + 5분

1인분×2개

○ 냉동 닭가슴살 ── 1개
○ 새우 ── 2마리
○ 양파 ── 1/8개
○ 새송이버섯 ── 1/3개
○ 청양고추 ── 1개
○ 다진 마늘 ── 1숟가락
○ 올리브오일 ── 1숟가락
○ 굴소스 ── 1/2숟가락
○ 머스터드 ── 조금
○ 스리라차소스 ── 조금
○ 후춧가루 ── 조금

1 채소다지기에 양파 1/8개, 새송이버섯 1/3개, 청양고추 1개, 다진 마늘 1숟가락, 올리브오일 1숟가락, 굴소스 1/2숟가락, 후춧가루 조금을 넣고 해동한 닭가슴살 1개는 가위로 잘라 넣은 다음 다져주세요.

TIP 냉동 닭가슴살을 해동할 때는 위생봉투에 담아 전자레인지에 1분(1개 기준) 돌려주세요.

2 ①에 해동한 새우(흰다리새우 사용했어요) 2마리를 가위로 큼직하게 잘라 넣고 잘 섞어주세요.

3 ②의 반죽을 2등분해서 각각 핫바 모양으로 만든 뒤 에어프라이어에 종이포일을 깔고 올린 후 180℃에서 10분 돌려주고, 뒤집어서 5분 더 돌려주세요.

4 ③의 잘 구워진 닭가슴살 핫바를 나무꼬치에 꽂아주세요. 기호에 맞게 머스터드나 스리라차소스를 곁들여주세요.

크림시금치닭가슴살구이

#전자레인지
1분 + 3분

밑간 닭가슴살

- 닭가슴살 — 1개
- 올리브오일 — 1숟가락
- 소금 — 조금
- 후춧가루 — 조금

- 시금치 — 40g
- 크림치즈 — 30g
- 다진 마늘 — 1/2숟가락
- 파르메산치즈가루 — 1숟가락
- 후춧가루 — 조금

1 닭가슴살은 가운데 부분에 칼집을 크게 넣어주세요. 여기에 올리브 오일, 소금, 후춧가루를 뿌려 밑간을 해줍니다.

> **TIP** 냉동 닭가슴살을 사용할 경우 위생봉투에 담아 전자레인지에 1분 돌려 해 동해주세요. 밑간할 때는 위생봉지에 넣어 조물조물해주면 편리합니다.

2 위생봉투에 시금치를 가위로 적당한 크기로 잘라서 넣고 전자레인지 에 1분 돌려 데친 뒤 물기를 꼭 짜서 준비해주세요.

> **TIP** 시금치는 물이 없어도 잘 데쳐집니다.

3 그릇에 ②의 데친 시금치, 크림치즈, 다진 마늘, 파르메산치즈가루, 후춧가루를 넣고 닭가슴살 안에 들어갈 소를 만들어주세요.

4 ①의 닭가슴살 칼집 부분을 벌려 ③에서 만든 소를 두툼하게 넣고 그 릇에 담아 뚜껑을 덮은 후 전자레인지에서 3분 돌려 완성해주세요.

> **TIP** 뚜껑이 없으면 그릇째 위생봉지에 넣어 전자레인지에 돌려도 됩니다. 샐 러드 채소와 함께 곁들여 먹으면 더 맛있어요.

닭가슴살소시지부추전

#에어프라이어
13분

재료

1인분

- 닭가슴살 소시지 — 1개
- 달걀 — 1개
- 양파 — 1/4개
- 청양고추 — 1/2개
- 부추 — 50g
- 아몬드가루 — 2숟가락
- 아보카도오일(스프레이형) — 조금

1 채소다지기에 준비한 닭가슴살 소시지, 달걀, 양파, 청양고추, 아몬드 가루를 넣고 곱게 다져주세요.

> **TIP** 닭가슴살 소시지가 짭짤해서 소금을 따로 넣지 않아도 간이 딱 맞아요. 아몬드가루는 밀가루 역할을 해줍니다.

2 ①의 반죽에 부추를 가위를 이용해 적당한 크기로 잘라서 넣고 잘 섞 어주세요.

> **TIP** 너무 세게 섞으면 부추에서 풋내가 나니까 살살 섞어주세요.

3 에어프라이어에 접시형 종이포일을 깔고 부추전 반죽을 모두 넣어 평평하게 펼쳐주고 아보카도오일을 조금 뿌린 후 160℃에서 13분간 구워주세요.

> **TIP** 잘 안 익는 중간 부분은 반죽을 펼 때 얇게 해주세요. 기기마다 세기가 다 르므로 10분 정도 돌린 뒤 꺼내 상태를 본 후 시간을 추가하는 것을 권합 니다.

4 접시에 담아 가위로 잘라서 맛있게 드세요.

에어프라이어를 사용할 때에는 온 도가 200℃까지 올라가기도 해서 발연점(연기가 나기 시작하는 온도. 연 기가 나는 순간부터 기름이 타기 때문 에 몸에 좋지 않아요)이 높은 아보카 도오일(발연점 250℃)을 사용하는 게 좋아요. 올리브오일은 발연점이 160~170℃로 낮은 편이라 간단한 볶 음요리나 샐러드용으로 사용하는 게 더 적절합니다.

PART 4

양배추

DIET RECIPE

양배추치즈말이

#전자레인지
1분

1인분

○ 양배추 — 130g
○ 라이스페이퍼 — 4장
○ 김밥김 — 1/2장
○ 닭가슴살 슬라이스햄 — 4장
○ 게맛살 — 4개
○ 체더치즈 — 2장
○ 통깨 — 조금

1 위생봉투에 손바닥만 한 크기로 썬 양배추를 넣고 전자레인지에 1분 돌려 살짝 데쳐주세요.

> **TIP** 양배추는 세척이 중요해요. 식초를 푼 물에 5분 정도 담가둔 뒤 깨끗하게 헹궈서 사용합니다. 유기농 양배추를 사용하면 더 좋아요.

2 라이스페이퍼를 따뜻한 물에 적신 다음 그 위에 체더치즈 1/2개를 세로로 올리고 닭가슴살 슬라이스햄을 가로로 올려준 후 데친 양배추를 2겹으로 올려주고 게맛살 1개를 올려 월남쌈 싸듯이 돌돌 말아 싸주세요.

3 ②의 중간을 길게 8등분한 김으로 말아주고 김의 한쪽 끝에 물을 묻혀서 양쪽을 붙여주세요.

4 ③의 김 위에 통깨를 조금 올려서 완성해주세요.

> **TIP** 통깨는 생략 가능합니다.

양배추스테이크

밑간한 양배추

○ 양배추 — 1/6거

○ 올리브오일 — 2숟가락

○ 소금 — 조금

○ 후춧가루 — 조금

○ 쪽파 — 1줄기

○ 모차렐라치즈 — 조금

○ 체더치즈 — 1/2개

○ 발사믹글레이즈 — 조금

○ 파슬리가루 — 조금

1 양배추를 심지 채 스테이크 크기로 잘라주고 모양이 흐트러지지 않게 나무꼬치로 끝을 고정해준 후 올리브오일 2숟가락, 소금, 후춧가루를 조금씩 뿌려서 밑간합니다.

> **TIP** 양배추는 세척이 중요해요. 식초를 푼 물에 5분 정도 담가둔 뒤 깨끗하게 헹궈서 사용합니다. 유기농 양배추를 사용하면 더 좋아요.

2 에어프라이어에 종이포일을 깔고 ①의 양배추를 넣어 160℃에서 10분 돌려주세요.

3 ②의 양배추에 모차렐라치즈 조금, 체더치즈 1/2개를 올리고 파슬리가루를 뿌려서 에어프라이어 160℃에서 5분간 더 돌려주세요.

> **TIP** 기기마다 익는 정도가 다르니 3분 돌리고 꺼내서 상태를 확인하고 시간을 추가해주세요.

4 ③의 양배추를 꺼낸 뒤 발사믹글레이즈를 뿌려주고 쪽파 1줄기를 가위로 잘라 뿌려서 완성해주세요.

양배추만두

만두소 반죽

○ 돼지고기 뒷다리살(불고기용) — 50g
○ 두부 — 1/4모
○ 새송이버섯 — 1/2개(55g)
○ 양파 — 1/4개
○ 굴소스 — 1/2숟가락

○ 양배추 잎사귀 — 6장
○ 파슬리가루 — 조금

돼지고기 뒷다리살은 불고기용으로 구입하면 얇게 저며져 있어요. 불고기용으로 조리하면 양념도 잘 배고 조리시간도 단축됩니다. 뒷다리살은 지방이 적어서 다이어트에도 좋고 가격도 저렴한데 대신 식감이 약간 퍽퍽합니다. 이에 비해 앞다리살은 지방 함량이 조금 높지만 더 맛있어요. 뒷다리살보다는 약간 비싸지만 삼겹살 같은 부위에 비해선 훨씬 저렴합니다. 장단점을 고려해서 원하는 부위로 선택하면 됩니다.

1 채소다지기에 준비한 만두소 반죽 재료를 모두 넣고 다져주세요.

2 양배추 잎사귀 부분 6장을 위생봉투에 넣고 전자레인지에서 1분간 데칩니다. 그런 다음 ①의 만두소 반죽을 6등분해서 양배추 잎사귀마다 한 덩어리씩 올린 뒤 잎사귀를 반으로 접어서 납작하게 눌러주세요.

> **TIP** 양배추는 세척이 중요해요. 양배추가 잠길 정도의 물에 식초를 넣고 5분 정도 담가둔 뒤 깨끗하게 헹궈서 사용합니다. 유기농 양배추를 사용하면 더 좋아요.
> 만두소 반죽이 양배추 옆으로 조금씩 튀어나와도 괜찮아요. 양배추를 12장 데친 뒤 2겹씩 싸서 만들어도 맛있답니다.

3 위생봉투에 ②의 양배추만두를 접시째 넣고 전자레인지에 3분간 돌려주세요.

4 양배추만두에 파슬리가루를 뿌려서 완성해주세요.

양배추사과말이

#전자레인지
4분

양배추 토르티야
- 양배추 — 60g
- 감자 — 1/2개(中)
- 달걀 — 1개
- 소금 — 조금
- 후춧가루 — 조금

- 양배추 — 1/2장
- 빨강 파프리카 — 1/4개
- 사과 — 1/4개
- 머스터드 — 조금
- 발사믹글레이즈 — 조금

1 채소다지기에 준비한 양배추 토르티야 재료를 모두 넣고 곱게 다져 주세요.

2 ①의 재료를 접시형 종이포일에 넣고 평평하게 펼친 다음 전자레인지에 4분 돌려 양배추 토르티야를 만들어주세요.

3 ②의 토르티야를 랩 위에 올린 뒤 머스터드를 조금 뿌려주고 양배추, 빨강 파프리카, 사과를 채 썰어 조금씩 올리고 발사믹글레이즈를 뿌린 다음 2번 랩핑해서 탄탄하게 말아주세요.

> **TIP** 매직랩을 사용할 경우 첫 번째 감쌀 때는 끈적한 면이 바깥으로 가도록 하고, 두 번째 감쌀 때는 안쪽을 향하게 해주세요.

4 ③의 양배추사과말이를 반으로 잘라 맛있게 드세요.

양배추감자전

전 반죽

- ○ 양배추 — 50g
- ○ 감자 — 1/2개(中)
- ○ 달걀 — 1개
- ○ 소금 — 조금
- ○ 후춧가루 — 조금

- ○ 게맛살 — 2개
- ○ 아보카도오일(스프레이형) — 조금
- ○ 스리라차소스 — 조금

1 채소다지기에 준비한 전 반죽 재료를 모두 넣고 곱게 다져주세요.

2 ①의 반죽에 게맛살 2개를 찢어 넣고 잘 섞어주세요.

3 에어프라이어에 접시형 종이포일을 깔고 ②의 반죽을 넣어 평평하게 잘 펼친 후 아보카도오일을 뿌려서 160℃에 15분간 돌려주세요.

4 ③의 전을 꺼내 접시에 옮겨 담은 후 스리라차소스와 함께 곁들여 냅니다.

> **TIP** 스리라차소스 없이 그냥 먹어도 맛있어요.

에어프라이어를 사용할 때에는 온도가 200℃까지 올라가기도 해서 발연점(연기가 나기 시작하는 온도. 연기가 나는 순간부터 기름이 타기 때문에 몸에 좋지 않아요)이 높은 아보카도오일(발연점 250℃)을 사용하는 게 좋아요. 올리브오일은 발연점이 160~170℃로 낮은 편이라 간단한 볶음요리나 샐러드용으로 사용하는 게 더 적절합니다.

양배추미주라토스트

#전자레인지
2분 + 2분

토스트 패티
○ 양배추 — 1줌
○ 양파 — 1/8개
○ 애호박 — 1/8개
○ 당근 — 1/8개
○ 달걀 — 1개
○ 소금 — 조금

○ 미주라토스트 — 2개
○ 채 썬 양배추 — 1줌
○ 올리브오일 — 조금
○ 알룰로스 — 조금
○ 머스터드 — 적당량
○ 스리라차소스 — 적당량

1 채소다지기에 토스트 패티 재료를 모두 넣고 잘 다져주세요.

2 미주라토스트와 비슷한 크기의 전자레인지 용기 안쪽에 올리브오일을 조금 넣어 잘 바른 후 ①의 반을 넣고 전자레인지에 2분간 돌려주세요. 같은 과정을 반복하여 패티를 총 2장 만들어주세요.

> **TIP** 전자레인지 크기가 넉넉하다면 2개를 한꺼번에 넣고 4분간 돌려도 됩니다.

3 준비한 미주라토스트 위에 머스터드와 알룰로스를 조금 뿌려주세요.

> **TIP** 미주라토스트는 작은 식빵 형태의 비스킷으로, 밀가루 대신 통밀가루, 귀리가루로 만들어 건강하게 먹을 수 있는 탄수화물 간식입니다. 1개에 약 30kcal로 다른 간식보다는 칼로리가 낮아서 다이어터들 사이에서 인기를 얻고 있어요.

4 ③의 토스트 위에 각각 ②에서 만든 달걀 패티를 얹고 채 썬 양배추를 절반씩 올린 후 머스터드와 스리라차소스를 뿌려 완성해주세요.

> **TIP** 양배추는 세척이 중요해요. 물에 식초를 넣고 5분 정도 담가둔 뒤 깨끗하게 헹궈서 사용합니다. 유기농 양배추를 사용하면 더 좋아요.

양배추다시마말이

○ 쌈다시마 — 1장
○ 양배추 — 1/8개
○ 빨강 파프리카 — 1/2개
○ 노랑 파프리카 — 1/2개
○ 게맛살 — 3개
○ 쌈무 — 4장

다시마는 마트에서 파는 일반 염장 쌈다시마 사용했어요. 보통 큰 다시마가 통으로 들어 있으니까 용도에 따라 잘라서 사용하면 돼요. 양에 따라서 염분이 저거되는 시간이 다를 수 있으니 불린 지 30분이 지나면 조금씩 뜯어서 먹어보고 짠맛이 안 느껴지면 건져내세요. 그렇다고 너무 오래 담가두면 맛이 없어지니 주의하세요.

1 물에 30분 담가 염분을 뺀 다시마를 김밥김 정도 사이즈로 잘라 펼쳐주고, 그 위에 깨끗하게 씻은 양배추를 채 썰어 올려주세요.

2 양배추 위에 두껍게 채 썬 빨강 파프리카 6조각, 노랑 파프리카 6조각, 게맛살 3개를 올려주세요.

> TIP 집에 있는 재료로 바꿔서 넣어도 괜찮아요.

3 ②의 게맛살 위에 쌈무 4장을 올린 다음 김밥 말듯이 탄탄하게 돌돌 말아주세요.

> TIP 다시마는 중심에서 바깥쪽으로 갈수록 두께가 조금씩 얇아져요. 얇은 부분이 끝으로 가게 두고 말아주면 고정이 쉽게 됩니다. 다시마 표면은 점액 때문에 끈적끈적하므로 돌돌 말면 양쪽 끝이 잘 붙습니다.

4 잘 말아진 ③의 다시마말이를 칼로 조심스럽게 썰어서 접시에 담아 완성해주세요.

> TIP 발사믹글레이즈를 뿌려서 먹으면 더 맛있어요.

PART 5

감자&
고구마

DIET RECIPE

감자연어오픈샌드위치

#전자레인지
3분

감자샐러드

○ 감자(中) — 1개
○ 쪽파 — 조금
○ 플레인요거트(무설탕) — 2숟가락
○ 다진 양파 — 3숟가락
○ 알룰로스 — 1숟가락
○ 소금 — 조금
○ 후춧가루 — 조금
○ 고추냉이 — 조금

○ 통밀 식빵 — 1장
○ 슬라이스 연어 — 4점
○ 크러시드 레드페퍼 — 조금

1 감자는 작게 잘라서 위생봉투에 물 1숟가락과 함께 넣어서 전자레인지에서 3분간 돌려 익혀주세요.

2 그릇에 ①의 익힌 감자를 넣은 뒤 준비한 나머지 감자샐러드 재료를 모두 넣고 감자를 으깨며 섞어주세요.

3 통밀 식빵 위에 ②의 감자샐러드를 조금만 남겨두고 듬뿍 올려주세요.

4 ③의 감자샐러드 위에 준비한 슬라이스 연어를 올리고 ③에서 남겨둔 감자샐러드를 올린 뒤 크러시드 레드페퍼를 뿌려 완성해주세요.

TIP 훈제 연어를 사용해도 좋아요.

감자수프

○ 감자(中) — 1개
○ 양파 — 1/4개
○ 생크림 — 2/3컵
○ 체더치즈 — 1장
○ 미주라토스트 — 1개
○ 소금 — 조금
○ 후춧가루 — 조금
○ 파슬리가루 — 조금

1 감자는 적당한 크기로 잘라서 위생봉투에 물 1숟가락과 함께 넣은 후 전자레인지에서 3분 돌려 감자를 익혀주세요.

2 채소다지기에 익힌 감자를 넣고 양파 1/4개를 넣어 다져주세요.

> **TIP** 잘 안 섞이면 채소다지기 용기를 중간에 한번씩 흔들어주세요.

3 전자레인지용 용기에 ②를 넣고 생크림 종이컵 2/3컵, 소금 조금, 후춧가루 조금을 넣고 잘 섞은 후 체더치즈 1장을 올려서 전자레인지에 넣어 3분 돌려줍니다. 그런 다음 치즈를 잘 섞어주고 다시 전자레인지에 넣어 1분 돌려주세요.

4 ③의 감자수프에 미주라토스트 1개를 부셔 넣고 파슬리가루를 뿌려 완성해주세요.

> **TIP** 미주라토스트는 작은 식빵 형태의 비스킷으로, 밀가루 대신 통밀가루, 귀리가루로 만들어 건강하게 먹을 수 있는 탄수화물 간식입니다. 1개에 약 30kcal로 다른 간식보다는 칼로리가 낮아서 다이어터들 사이에서 인기를 얻고 있어요. 여기서는 식빵이나 바게트의 대체 재료로 사용했어요. 생략도 가능하지만 같이 먹으면 더 맛있어요.

오이감자샌드

#전자레인지
3분

재료

2개 분량

- 감자(中) — 1개
- 오이 — 1개
- 통밀 식빵 — 1장
- 체더치즈 — 1장
- 우유 — 3숟가락
- 에리스리톨 — 1/2숟가락
- 소금 — 조금
- 후춧가루 — 조금
- 애플민트 잎 — 2장

1 감자를 익히기 좋게 적당한 크기로 잘라 전자레인지용 용기에 담아 3분간 전자레인지에서 돌린 뒤 포크로 으깨주세요. 여기에 준비한 체더치즈, 우유, 에리스리톨, 소금, 후춧가루를 넣고 잘 섞어줍니다.

2 깨끗하게 씻은 오이는 껍질째 감자칼로 얇게 길쭉한 형태로 깎아주세요.

3 통밀 식빵 1장에 ①을 듬뿍 올리고 그 위에 ②의 오이를 전체적으로 겹겹이 올린 뒤 빵칼로 끝부분을 잘라낸 후 반으로 잘라주세요.

4 ③의 샌드를 접시에 담고 애플민트를 올려 완성해주세요.

> **TIP** 애플민트는 장식이라 생략해도 괜찮아요.

게맛살해시브라운

#전자레인지 3분

#에어프라이어
8분 + 5분

○ 감자(大) — 1개
○ 게맛살 — 3개
○ 스리라차소스 — 조금
○ 파슬리가루 — 조금

1 감자는 칼로 작게 잘라서 위생봉지에 물 1순가락과 함께 넣고 전자레인지에 3분 돌려서 익혀주세요.

2 ①에 게맛살 3개를 찢어 넣어주고 감자를 으깨면서 게맛살과 같이 섞어주세요.

> **TIP** 감자는 너무 완벽하게 으깨지 말고 덩어리가 조금씩 남아 있게 하는 게 식감이 더 좋아요. 게맛살은 감자를 먼저 으깨고 섞어줘도 됩니다.

3 ②를 6등분해서 해시브라운처럼 납작하게 모양을 잡아 에어프라이어에 종이포일을 깔고 넣어준 후 180℃에서 8분 구워주고 뒤집어서 5분 더 구워주세요.

4 ③을 꺼내 접시에 담고, 파슬리가루를 조금 뿌린 스리라차소스와 함께 드세요.

> **TIP** 스리라차소스 없이 그냥 먹어도 맛있어요.

감자메추리알둥지

#전자레인지
3분 + 2분

재료

○ 감자(大) ― 1/3개
○ 메추리알 ― 2개
○ 게맛살 ― 2개
○ 소금 ― 조금
○ 후춧가루 ― 조금
○ 파슬리가루 ― 조금
○ 크러시드 레드페퍼 ― 조금

1 감자는 도톰한 두께로 납작하게 2조각으로 잘라서 위생봉투에 넣고 소금 조금, 후춧가루 조금을 바른 뒤 전자레인지에 3분 돌려 익혀주세요.

2 게맛살 2개를 찢은 다음 ①의 잘 익은 감자 위에 동그란 둥지 모양으로 올려주세요.

3 게맛살 둥지 안에 메추리알을 1개씩 깨트려 넣고 소금을 조금 뿌린 후 젓가락으로 노른자에 구멍을 내고 전자레인지에 2분 돌려주세요.

> **TIP** 달걀을 대신 사용했다가는 넘쳐흐를 수 있어요. 양이 많아서 게맛살과 감자의 맛을 같이 즐기기에도 적당하지 않고요. 생 메추리알은 마트에서 달걀보다 저렴하게 구입할 수 있습니다.

4 ③을 접시에 담고 파슬리가루, 크러시드 레드페퍼를 뿌려 완성해주세요.

갈릭치즈감자구이

#전자레인지
4분 + 1분30초

○ 감자(中) — 2개
○ 닭가슴살 슬라이스햄 — 8장
○ 체더치즈 — 2개
○ 소금 — 조금
○ 후춧가루 — 조금

마늘소스

○ 올리브오일 — 1숟가락
○ 다진 마늘 — 1숟가락
○ 에리스리톨 — 1/2숟가락
○ 소금 — 조금
○ 파슬리 — 조금

1 감자는 도톰한 두께로 모양대로 납작하게 썬 뒤 위생봉투에 넣고 소금과 후춧가루를 조금씩 넣고 전자레인지에서 4분간 돌려 익혀주세요.

2 그릇에 준비한 마늘소스 재료를 모두 넣고 잘 섞어 소스를 만들어주세요.

3 그릇에 ①의 익힌 감자 1조각, 체더치즈 1/4개, 닭가슴살 슬라이스햄 1개를 순서대로 차곡차곡 담아줍니다.

4 ③에 ②에서 만든 마늘소스를 올리고 전자레인지에 넣어 1분 30초간 돌려서 완성해주세요.

고구마빵에그슬럿

○ 고구마(中) — 1개
○ 달걀 — 2개
○ 빨강 파프리카 — 조금
○ 노랑 파프리카 — 조금
○ 모차렐라치즈 — 15g
○ 소금 — 조금
○ 파슬리가루 — 조금

1 고구마는 껍질을 벗기고 잘라서 위생봉지에 넣은 후 전자레인지에 3분간 돌려 익힌 다음 채소다지기에 달걀 1개, 소금 조금을 넣고 다져주세요.

2 그릇에 ①의 반죽을 올려 평평하게 펼쳐준 후 한가운데에 달걀이 들어갈 수 있도록 움푹하게 파주세요.

3 ②의 움푹 판 부분에 달걀 1개를 깨뜨려 넣고 소금을 조금 뿌리고 그 주위에 전체적으로 모차렐라치즈를 올립니다. 젓가락으로 달걀 노른자에 구멍을 낸 다음 뚜껑을 덮어 전자레인지에 넣고 3분간 돌려주세요.

4 ③의 고구마빵에 잘게 썬 빨강 파프리카, 노랑 파프리카, 파슬리가루를 올려 완성해주세요.

고구마쿠키

#전자레인지
3분30초 +
3분 + 2분

○ 고구마(中) — 1개
○ 체더치즈 — 2장
○ 코코넛오일 — 1숟가락
○ 아몬드가루 — 3숟가락
○ 검은깨 — 조금

1 고구마는 껍질을 벗기고 작게 잘라서 전자레인지 용기에 담은 후 뚜껑을 덮고 전자레인지에 3분 30초 돌려 익혀주세요.

2 ①의 익힌 고구마에 준비한 체더치즈, 코코넛오일, 아몬드가루를 넣고 포크로 잘 으깨주세요.

> **TIP** 포크로 으깨기 힘들면 채소다지기에 넣고 다져주세요.
> 고구마가 달지 않으면 에리스리톨을 조금 추가해도 좋아요.
> 아몬드가루는 밀가루 역할을 해줍니다.

3 ②를 적당한 크기로 나누어서 원하는 모양을 만든 다음 전자레인지에 넣어 3분간 돌리고 뒤집어서 2분 더 돌려주세요.

4 ③의 구워낸 고구마쿠키 위에 검은깨를 조금 뿌려 완성합니다.

> **TIP** 검은깨는 생략 가능합니다.

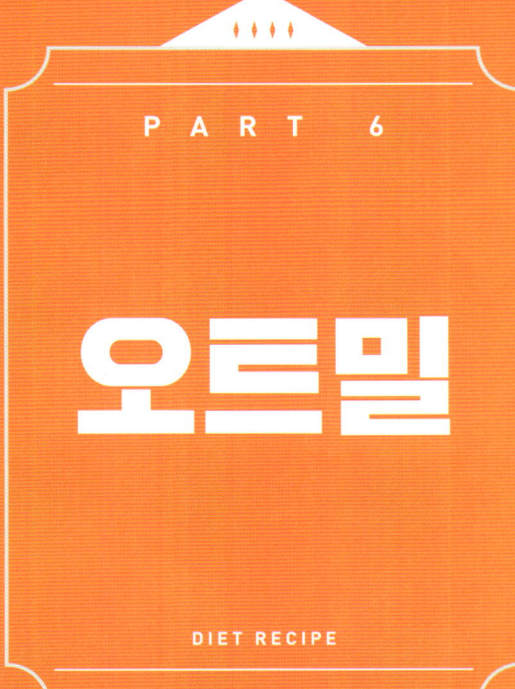

PART 6

오트밀

DIET RECIPE

오트밀참치미역죽

#전자레인지
1분30초 +3분

○ 오트밀(압착 귀리) ─ 1/2컵
○ 참치 통조림 ─ 2숟가락
○ 자른 마른 미역 ─ 2숟가락
○ 다진 마늘 ─ 1/2숟가락
○ 물 ─ 1½컵
○ 참치액 ─ 1/2숟가락
○ 참기름 ─ 1숟가락
○ 참깨 ─ 조금

1 그릇에 자른 마른 미역 2숟가락을 넣고 충분한 양의 물을 부어 10분 간 불려주세요.

> **TIP** 마른 미역은 조금만 불려도 양이 엄청 많아지니 주의하세요.

2 ①의 불린 미역을 깨끗이 씻고 물기를 뺀 후 그릇에 담아 참기름, 다 진 마늘을 넣고 잘 섞은 뒤 전자레인지에 넣고 1분 30초 돌려주세요.

> **TIP** 미역국 끓일 때 참기름에 미역을 먼저 볶아주듯 전자레인지에 한번 돌려 서 익혀주는 과정이에요.

3 전자레인지 용기에 ②에서 익힌 미역을 넣어주고 준비한 참치 통조 림, 압착 귀리, 물, 참치액을 넣고 전자레인지에 3분간 돌려주세요.

4 ③의 미역죽을 꺼내 잘 저은 뒤 참깨를 올려 완성합니다.

오트밀팽이버섯비빔밥

#전자레인지
3분

양념장
- 청양고추 — 1/2개
- 다진 마늘 — 1/2숟가락
- 다진 파 — 1숟가락
- 다진 홍고추 — 조금
- 간장 — 2숟가락
- 참기름 — 조금
- 고춧가루 — 1/3숟가락
- 통깨 — 조금

- 오트밀(압착 귀리) — 6숟가락
- 팽이버섯 — 100g
- 물 — 9숟가락

1 그릇에 준비한 양념장 재료(청양고추는 잘게 썰어 사용합니다.)를 모두 넣고 잘 섞어서 양념장을 만들어주세요.

2 전자레인지 용기에 준비한 압착 귀리와 물을 분량대로 넣어주세요.

3 ② 위에 팽이버섯을 가닥가닥 찢어서 올린 다음 전자레인지에 3분 간 돌려주세요.

> **TIP** 팽이버섯을 한 입 크기로 안 썰고 통으로 사용하면 먹을 때 식감이 더 좋아요.

4 ③에 ①에서 만든 양념장을 올려서 비벼 드세요.

오트밀제육통오이김밥

#전자레인지
2분 + 1분
+ 3분

제육볶음

○ 돼지고기 뒷다리살(불고기용) — 80g
○ 다진 마늘 — 1/3숟가락
○ 간장 — 1/2숟가락
○ 참기름 — 조금
○ 스리라차소스 — 1/2숟가락
○ 에리스리톨 — 1/2숟가락
○ 고춧가루 — 1/2숟가락
○ 후춧가루 — 조금

○ 오트밀(압착 귀리) — 4숟가락
○ 오이 — 1개
○ 김밥김 — 1장
○ 물 — 1/4컵(6숟가락)
○ 참기름 — 조금

고기 양이 적어서 전자레인지에서 3분이면 잘 익습니다. 고기에 양념을 할 때는 한 장 한 장 잘 떼어서 사이사이에 양념이 잘 배도록 하세요. 돼지고기 뒷다리살은 불고기용으로 구입하면 얇게 저며져 있어요. 불고기용으로 조리하면 양념도 잘 배고 조리시간도 단축됩니다. 뒷다리살은 지방이 적어서 다이어트에도 좋고 가격도 저렴한데 대신 식감이 약간 퍽퍽합니다. 이에 비해 앞다리살은 지방 함량이 조금 높지만 더 맛있어요. 뒷다리살보다는 약간 비싸지만 삼겹살 같은 부위에 비해선 훨씬 저렴합니다. 장단점을 고려해서 원하는 부위로 선택하면 됩니다.

1 그릇에 준비한 제육볶음 재료를 모두 넣고 잘 섞어서 뚜껑을 덮고 전자레인지에 2분 돌려주세요. 그런 다음 꺼내 고기를 가위로 적당히 잘라준 후 다시 뚜껑을 덮고 1분 더 돌려서 꺼낸 뒤 가위로 다지듯 잘게 잘라서 준비해두세요.

2 그릇에 준비한 압착 귀리, 물 1/4컵을 넣고 전자레인지에 3분 돌려 오트밀밥을 만든 다음 ①에서 만든 제육볶음을 넣고 잘 섞어주세요.

> **TIP** 이때 마지막에 김밥 위에 올릴 제육을 조금만 남겨주세요. 다 넣고 비비는 것보다 조금 남겨서 김밥 위에 올려 먹으면 더 맛있어요.

3 김밥김 1장에 ②를 올려 넓게 펼쳐주고, 오이 1개를 통째로 넣고 잘 말아주세요.

> **TIP** 오이는 고무장갑을 끼고 굵은 소금으로 껍질을 문질러 깨끗하게 씻어주세요. 이 과정이 번거로우면 껍질을 벗겨서 사용해도 됩니다. 김밥을 말 때 손가락 두 마디 정도 김 끝부분을 남겨두고 재료를 놓아야 잘 풀어지지 않아요.

4 ③의 김밥에 참기름을 발라서 먹기 좋게 자른 후 ②에서 남겨놓은 제육볶음을 위에 올려 완성해주세요.

오트밀애호박피자

오트밀 반죽

○ 오트밀(압착 귀리) — 3숟가락
○ 달걀 — 1개
○ 소금 — 조금
○ 후춧가루 — 조금

○ 애호박 — 1/4개
○ 날치알 — 15g
○ 모차렐라치즈 — 1줌
○ 스리라차소스 — 적당량

1 그릇에 준비한 오트밀 반죽 재료를 모두 넣고 잘 섞어주세요.

2 에어프라이어에 접시형 종이포일을 깔고 ①의 반죽을 평평하게 넣은 후 애호박을 모양대로 얇고 동그랗게 썰어 넣습니다. 애호박을 2겹으로 잘 펼쳐주세요.

3 ②의 애호박 위에 스리라차소스를 적당히 두르고 날치알을 올려주세요.

> **TIP** 스리라차소스는 짠맛이 꽤 많이 나므로 너무 많이 뿌리지 않도록 주의하세요.

4 ③에 모차렐라치즈를 뿌려 에어프라이어 140℃에서 15분 구운 뒤 6등분하여 맛있게 드세요.

당근라페오트밀비빔밥

당근라페

○ 당근 ─ 1/2개
○ 식초 ─ 1숟가락
○ 올리브오일 ─ 1숟가락
○ 홀그레인 디종 머스터드 ─ 1/2숟가락
○ 에리스리톨 ─ 1/2숟가락
○ 소금 ─ 조금

오트밀밥

○ 오트밀(압착 귀리) ─ 7숟가락
○ 물 ─ 10숟가락

○ 노랑 파프리카 ─ 1/2개
○ 빨강 파프리카 ─ 1/2개
○ 오이 ─ 1/3개
○ 날치알 ─ 20g
○ 김가루 ─ 조금
○ 게맛살 ─ 2개
○ 무순 ─ 조금
○ 참기름 ─ 1숟가락
○ 스리라차소스 ─ 적당량

당근에는 비타민 C를 파괴하는 성분인 '아스코르비나이제'라고 하는 효소가 있어서 비타민 C가 풍부한 오이와 같이 먹게 되면 그 안에 든 비타민 C가 파괴된다고 합니다. 하지만 이 효소는 산에 약하기 때문에 요리에 식초를 첨가하면 비타민 C의 파괴를 어느 정도 막을 수 있다고 해요.

1 그릇에 당근 1/2개를 채 썰어 넣고 나머지 당근라페 재료를 모두 넣은 다음 잘 섞어 당근라페를 만들어주세요.

2 그릇에 오트밀밥 재료를 분량대로 넣고 전자레인지에서 3분간 돌려서 오트밀밥을 만들어주세요.

> **TIP** 이때 꼭 뚜껑을 덮지 않아도 돼요. 너무 작은 그릇을 사용할 경우 넘칠 수 있으니 넉넉한 크기의 그릇을 사용하세요. 오트밀밥은 시간이 지나면 뭉쳐서 재료와 잘 섞이지 않으니 재료를 먼저 준비하고 마지막에 만드는 게 좋아요.

3 ②의 오트밀밥 위에 노랑 파프리카, 빨강 파프리카, 오이, 게맛살을 가위로 먹기 좋은 크기로 작게 잘라서 올려주고 날치알, 김가루, 참기름을 곁들여주세요.

4 ③에 무순을 올리고 스리라차소스를 뿌려서 비벼 드세요.

오트밀소고기뭇국밥

#전자레인지
1분 + 7분
+ 3분

소고기뭇국

○ 소고기(국거리용) — 50g
○ 무 — 100g
○ 다진 마늘 — 1/2숟가락
○ 참기름 — 1/2숟가락
○ 물 — 2컵
○ 참치액 — 1숟가락
○ 국간장 — 1숟가락

○ 오트밀(압착 귀리) — 4숟가락
○ 대파 — 조금

1 전자레인지 용기에 물, 참치액, 국간장을 제외한 소고기뭇국 재료를 넣고 잘 섞은 다음 전자레인지에서 1분간 돌려주세요.

> **TIP** 이 단계에서는 소고기가 다 안 익는 게 정상입니다. 살짝 볶아주는 과정 이에요.

2 ①에 물 2컵을 넣고 참치액 1숟가락, 국간장 1숟가락을 넣어 전자레 인지에 7분 돌려주세요.

> **TIP** 가열하다 보면 국물이 끓어 넘칠 수 있으니 넉넉한 크기의 용기를 사용 하는 것이 좋아요.

3 ②에 준비한 압착 귀리와 대파를 넣고 다시 전자레인지에 넣어 3분 더 돌려주세요.

4 전자레인지에서 꺼낸 ③의 국밥에 가위로 대파를 조금 잘라 넣어주 면 완성입니다.

오트밀김칫국밥

#전자레인지
7분 + 3분

김칫국

○ 콩나물 — 60g

○ 다진 김치 — 2숟가락(50g)

○ 김칫국물 — 1숟가락

○ 마른 멸치 — 3마리

○ 물 — 2컵

○ 참치액 — 1숟가락

○ 오트밀(압착 귀리) — 4숟가락

○ 대파 — 조금

1 전자레인지 용기에 준비한 김칫국 재료를 모두 넣고 전자레인지에서 7분 돌려주세요.

> **TIP** 밥 먹을 때 먹는 일반 김치 크기 그대로 사용해도 됩니다. 냉장고에 반찬 용으로 썰어둔 김치가 있으면 따로 자를 필요 없어요. 마른 멸치는 머리 와 내장을 제거하고 사용해주세요.

2 ②에 압착 귀리를 넣고 다시 전자레인지에서 3분간 돌려주세요.

3 ③의 김칫국밥 위에 가위로 대파를 조금 잘라서 올려주면 완성입 니다.

> **TIP** 청양고추를 곁들여도 잘 어울립니다.

날치알채소김말이

재료 4개 분량

- 김밥김 — 2장
- 오트밀밥 — 4숟가락
- 날치알 — 1숟가락
- 깻잎 — 4장
- 무순 — 조금
- 노랑 파프리카 — 조금
- 양파 — 조금
- 쌈무 — 4장
- 게맛살 — 2개
- 고추냉이 — 조금

오트밀밥 만들기

오트밀밥은 전자레인지로 간단하게 만들 수 있어요. 압착 귀리 4숟가락 기준으로 물 1/4컵을 넣고 전자레인지에서 3분만 돌려주면 됩니다.

1 김밥김을 반으로 잘라 준비해주세요.

2 반으로 자른 김밥김에 깻잎 1장을 대각선으로 올리고 오트밀밥 1숟가락, 고추냉이 조금을 올려주세요.

3 ②위에 쌈무 1장, 게맛살 1/2개, 길쭉하게 자른 노랑 파프리카와 양파 조금, 무순 조금을 올리고 밑이 뾰족한 꼬깔 모양으로 돌돌 말아주세요.

4 ③ 위에 날치알을 적당량 올려서 완성합니다.

참치

참치꽃샐러드

○ 두부 ─ 1/4모
○ 상추 ─ 4장
○ 무순 ─ 조금
○ 방울토마토 ─ 3개

참치 샐러드

○ 참치 통조림 ─ 100g
○ 양파 ─ 1/8개
○ 빨강 파프리카· ─ 1/8개
○ 노랑 파프리카· ─ 1/8개
○ 다진마늘 ─ 1/3숟가락
○ 간장 ─ 1숟가락
○ 식초 ─ 1/2숟가락
○ 올리브오일 ─ 1숟가락
○ 알룰로스 ─ 1/3숟가락
○ 후춧가루 ─ 조금

1 두부 1/4모를 4등분한 뒤 접시에 담아 전자레인지에 넣고 30초 돌려 데워주세요.

2 그릇에 참치 통조림과 새끼손톱만 한 크기로 작게 자른 양파, 빨강 파프리카, 노랑 파프리카 그리고 나머지 샐러드 재료를 모두 넣고 잘 섞어 준비해주세요.

3 그릇에 상추 4장을 깔고 그 위에 ①의 두부를 각각 한 조각씩 올려주세요.

4 ③의 두부 위에 ②의 참치 샐러드를 올리고 무순과 방울토마토를 곁들여 장식해주세요.

파프리카참치초밥

4개 분량

○ 참치 통조림 — 50g
○ 빨강 파프리카 — 1/2개
○ 노랑 파프리카 — 1/2개
○ 고추냉이 — 조금
○ 참깨 — 조금

양념 초밥

○ 잡곡밥 — 4숟가락
○ 모차렐라치즈 — 2숟가락
○ 식초 — 1/3숟가락
○ 에리스리톨 — 1/3숟가락
○ 소금 — 조금
○ 후춧가루 — 조금

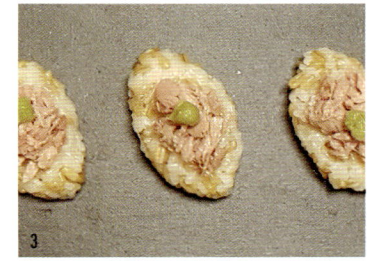

1 준비한 빨강 파프리카, 노랑 파프리카를 각각 반으로 잘라 총 4조각을 만든 다음 에어프라이어에 넣고 200℃에서 15분 돌려 익힌 뒤 껍질을 벗겨서 준비해주세요.

> **TIP** 파프리카를 높은 온도에서 굽듯이 익혀주면 단맛이 강해져 맛이 훨씬 좋아져요. 또 이렇게 익혀서 껍질을 벗겨야 부드럽게 먹을 수 있습니다. 이때 껍질을 꼭 완벽하게 벗기지 않아도 괜찮아요.

2 그릇에 준비한 양념 초밥 재료(모차렐라치즈 제외)를 모두 넣고 잘 섞어주세요. 그런 다음 모차렐라치즈를 넣어 전자레인지에 2분 돌리고 잘 섞어주세요.

> **TIP** 잡곡밥만으로도 잘 뭉쳐지면 모차렐라치즈는 1숟가락만 넣어도 좋습니다.

3 ②의 밥을 4등분해서 초밥 모양을 잡은 뒤 그 위에 참치 통조림을 조금씩 얹고 고추냉이를 곁들여주세요.

4 ③ 위에 ①에서 준비한 껍질 벗긴 파프리카를 올린 뒤 참깨를 조금 뿌려서 완성해주세요.

참치양송이구이

재료

5개 분량

○ 참치 통조림 — 40g
○ 양송이버섯 — 5개
○ 다진 양파 — 1숟가락
○ 체더치즈 — 1¼장
○ 파슬리가루 — 조금

1 그릇에 준비한 참치 통조림, 다진 양파, 양송이버섯에서 떼어낸 밑둥을 잘게 다져 넣고 골고루 섞어주세요.

> **TIP** 양송이버섯은 물로 가볍게 씻거나 키친타월로 겉면을 가볍게 닦아만줘도 괜찮습니다.

2 밑둥을 제거한 양송이버섯 안쪽에 ①을 꾹꾹 눌러 담아줍니다.

3 ② 위에 체더치즈를 4등분한 것을 한 조각씩 올리고 전자레인지에 넣어 2분간 돌려주세요.

4 ③의 체더치즈 위에 파슬리가루를 조금 뿌려서 완성해주세요.

생양파참치비빔밥

○ 참치 통조림 ― 50g
○ 달걀 ― 1개
○ 양파 ― 1/4개
○ 간장 ― 1숟가락
○ 식초 ― 1숟가락
○ 고추냉이 ― 조금
○ 에리스리톨 ― 1/2숟가락
○ 크러시드 레드페퍼 ― 조금

오트밀밥

○ 오트밀(압착 귀리) ― 7숟가락
○ 물 ― 1/2컵(10숟가락)

1 그릇에 달걀 1개를 넣고 젓가락으로 노른자에 구멍을 낸 후 전자레인지에 넣고 40초 돌려 달걀 프라이를 만들어 준비해주세요.

> TIP 그릇에 기름을 바르지 않아도 달걀 프라이가 숟가락으로 쉽게 분리돼요.

2 그릇에 준비한 오트밀과 물을 넣고 전자레인지에서 3분 돌려 오트밀밥을 만들어 준비해주세요.

> TIP 오트밀밥을 만들 때 용기의 뚜껑은 꼭 덮지 않아도 괜찮아요.

3 ②의 오트밀밥 한쪽에 참치 통조림을 넣고 고추냉이를 조금 올린 후 양파를 얇게 채 썰어 밥을 덮듯이 전체적으로 담아주세요.

4 ③에 ①에서 만들어둔 달걀프라이를 올리고 에리스리톨 1/2숟가락, 간장 1숟가락, 식초 1숟가락, 크러시드 레드페퍼를 조금 뿌린 다음 잘 비벼서 드세요.

> TIP 크러시드 레드페퍼는 매콤한 맛을 조금 추가하고 싶어서 사용했어요. 보기도 좋고요. 대신 굵은 고춧가루를 올리거나 페퍼론치노를 잘게 잘라서 올리는 방법도 있어요. 페퍼론치노는 많이 뿌리면 매우니까 양 조절을 잘 해야 해요.

참치낫토김밥

#전자레인지
1분30초

달걀지단

○ 달걀 ─ 1개
○ 소금 ─ 조금

○ 참치 통조림 ─ 50g
○ 김밥김 ─ 1장
○ 깻잎 ─ 2장
○ 양파 ─ 1/4개
○ 무순 ─ 조금
○ 쌈무 ─ 2장
○ 참기름 ─ 조금
○ 낫토 ─ 조금
○ 고추냉이 ─ 조금

1 그릇에 달걀 1개, 소금 조금을 넣고 잘 섞은 후 접시형 종이포일에 붓고 얇게 잘 펼쳐서 전자레인지에 1분 30초 돌려 달걀지단을 만들어주세요.

> **TIP** 종이포일에는 기름을 바르지 않아도 달걀지단이 잘 떨어져요. 끝부분부터 천천히 떼내면 됩니다. 달걀 크기에 따라 지단 만드는 시간이 달라질 수 있어요. 특란을 사용했다면 2분 정도 돌려주세요. 달걀지단이 덜 익으면 깔끔하게 떼어내기 힘드니 주의하세요.

2 김밥김 1장에 ①에서 만든 달걀지단을 깔고 깻잎, 쌈무, 참치 통조림을 순서대로 올리고 양파를 가위로 잘라 올린 다음 잘 말아주세요.

> **TIP** 김밥을 말 때 손가락 두 마디 정도 김 끝부분을 남겨두고 재료를 놓아야 잘 풀어지지 않아요.

3 잘 말아준 ②의 김밥에 참기름을 조금 바르고 썰어서 접시 위에 올려주세요.

4 ③의 김밥 위에 고추냉이와 낫토를 조금씩 올리고 그 위에 무순을 조금 곁들여 완성해주세요.

참치팽이버섯말이

#전자레인지
1분30초 +
1분30초

달걀지단

○ 달걀 — 1개
○ 소금 — 조금

○ 팽이버섯 — 80g
○ 참치 통조림 — 50g
○ 김밥김 — 1/2장
○ 참깨 — 조금

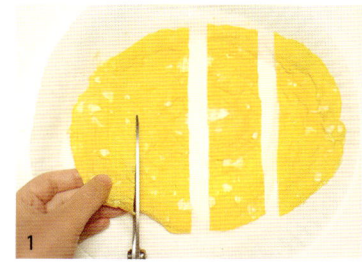

1 그릇에 달걀, 소금 조금을 넣고 잘 섞은 후 접시형 종이포일에 붓고 얇게 잘 펼쳐서 전자레인지에 1분 30초간 돌려서 꺼내 가위로 길쭉하게 4조각으로 잘라주세요.

> **TIP** 종이포일에는 기름을 바르지 않아도 달걀지단이 잘 떨어져요. 끝부분부터 천천히 떼내면 됩니다. 달걀 크기에 따라 지단 만드는 시간이 달라질 수 있어요. 특란을 사용했다면 2분 정도 돌려주세요. 달걀지단이 덜 익으면 깔끔하게 떼어내기 힘드니 주의하세요.

2 ①의 자른 달걀지단에 팽이버섯 조금, 참치 통조림 조금을 넣고 돌돌 말아주세요.

3 김밥김 1/2장을 길게 4등분한 뒤 ②의 지단말이 가운데를 감아 고정한 뒤 전자레인지에 넣고 1분 30초간 돌려주세요.

> **TIP** 김 끝에 물을 조금 묻히면 잘 붙습니다.

4 ③의 지단말이를 전자레인지에서 꺼내 접시에 올리고 참깨를 조금 뿌려 완성해주세요.

> **TIP** 참깨는 생략 가능합니다.

참치시금치그라탱

- ○ 참치 통조림 — 50g
- ○ 달걀 — 2개
- ○ 시금치 — 30g
- ○ 양파 — 1/4개
- ○ 잡곡밥 — 4숟가락
- ○ 간장 — 1숟가락
- ○ 참기름 — 1/2숟가락
- ○ 소금 — 조금
- ○ 크러시드 레드페퍼 — 조금

1 전자레인지 용기에 준비한 잡곡밥, 참치 통조림, 가위로 자른 시금치, 잘게 다진 양파, 달걀 1개를 넣어 잘 섞은 후 전자레인지에 넣고 2분 간 돌려주세요.

> **TIP** 시금치 대신 애호박, 버섯 등 다른 채소를 넣어도 좋습니다.

2 ①을 꺼내 골고루 섞어준 다음 달걀 1개를 추가로 넣고 노른자에 젓 가락으로 구멍을 내준 뒤 소금을 살짝 뿌려 전자레인지에 넣어 4분 돌려주세요.

3 ②의 그라탱을 꺼낸 뒤 크러시드 레드페퍼를 뿌려주고 간장, 참기름 을 넣고 비벼 드세요.

> **TIP** 고추냉이를 좋아한다면 조금 넣어도 맛있어요. 매콤하게 먹고 싶다면 간 장 대신 스리라차소스를 사용해도 좋아요.

콜리플라워참치볼

#에어프라이어
10분 + 5분

○ 참치 통조림 ─ 40g
○ 냉동 콜리플라워 ─ 150g
○ 청양고추 ─ 1가
○ 모차렐라치즈 ─ 40g
○ 파슬리가루 ─ 조금

1 냉동 콜리플라워는 물에 한번 헹군 후 키친타월로 물기를 최대한 닦아 준비해주세요.

2 채소다지기에 ①의 콜리플라워, 참치 통조림, 모차렐라치즈, 청양고추를 넣고 다져줍니다.

> **TIP** 매운맛이 싫다면 청양고추 대신 풋고추를 넣어주세요.

3 ②의 반죽을 동그랗게 뭉쳐 모양을 잡은 다음 종이포일을 깐 에어프라이어기에 넣고 160℃에서 10분간 돌리고 뒤집어서 5분 더 돌려주세요.

4 ③의 참치볼을 접시에 담고 파슬리가루를 조금 올려 완성해주세요.

PART 8

곤약

실곤약잡채

#전자레인지
5분 + 2분

밑간 고기
○ 돼지고기 뒷다리살 — 100g
○ 간장 — 1/2숟가락
○ 에리스리톨 — 1/3숟가락
○ 후춧가루 — 조금

○ 실곤약 — 200g
○ 양파 — 1/4개
○ 느타리버섯 — 30g
○ 빨강 파프리카 — 1/6개
○ 노랑 파프리카 — 1/6개
○ 쪽파 — 2줄기
○ 다진마늘 — 1/2숟가락
○ 간장 — 1숟가락
○ 굴소스 — 1숟가락
○ 참기름 — 1숟가락
○ 에리스리톨 — 1숟가락
○ 참깨 — 조금

돼지고기 뒷다리살은 불고기용으로 구입하면 얇게 저며져 있어요. 불고기용으로 조리하면 양념도 잘 배고 조리시간도 단축됩니다. 뒷다리살은 지방이 적어서 다이어트에도 좋고 가격도 저렴한데 대신 식감이 약간 퍽퍽합니다. 이에 비해 앞다리살은 지방 함량이 더 높지만 더 맛있어요. 뒷다리살보다는 약간 비싸지만 삼겹살 같은 부위에 비해선 훨씬 저렴합니다. 장단점을 고려해서 원하는 부위로 선택하면 됩니다.

1 그릇에 밑간 고기 재료를 모두 넣고 잘 버무려 준비해주세요.

2 씻어서 물기를 뺀 실곤약, ①의 고기, 가위로 길쭉하게 자른 양파, 파프리카, 손으로 찢은 느타리버섯을 전자레인지 용기에 담고 간장, 굴소스, 에리스리톨, 마늘, 참기름 1/2숟가락을 넣어 잘 섞은 후 뚜껑을 덮고 전자레인지에 넣어 5분간 돌려주세요.

3 가위로 ②의 돼지고기를 먹기 좋게 잘라주고 쪽파도 파프리카와 비슷한 길이로 잘라서 넣어준 후 뚜껑을 덮고 전자레인지에 넣고 2분 더 돌려주세요.

4 ③의 잡채에 참기름 1/2숟가락을 넣고 비빈 다음 접시에 담고 참깨를 뿌려 완성해주세요.

실곤약팟타이

재료

재료 | 1인분

달걀 스크램블
- 달걀 — 1개
- 물 — 1숟가락
- 소금 — 조금

- 실곤약 — 150g
- 냉동새우 — 5마리
- 양파 — 1/8개
- 숙주 — 1줌(60g)
- 쪽파 — 2줄기
- 다진 마늘 — 1숟가락
- 간장 — 1숟가락
- 멸치액젓 — 1숟가락
- 굴소스 — 1숟가락
- 레몬즙 — 조금
- 에리스리톨 — 1숟가락
- 스리라차소스 — 1/2숟가락
- 땅콩가루 — 조금

1 그릇에 달걀 스크램블 재료를 모두 넣고 잘 섞은 후 전자레인지에서 1분 30초 돌린 다음 꺼내서 포크로 으깨 스크램블을 만들어주세요.

> **TIP** 식감을 위해 달걀 덩어리를 큼직하게 으깨주세요.

2 전자레인지 용기에 깨끗이 씻어 물기를 뺀 실곤약, 냉동새우, 길쭉하게 썬 양파, 다진 마늘, 간장, 멸치액젓, 굴소스, 에리스리톨을 넣고 잘 섞어서 뚜껑을 덮은 후 전자레인지에 넣고 3분간 돌려주세요.

3 ②를 꺼내 쪽파 2줄기를 가위로 잘라 넣은 뒤 숙주와 ①의 스크램블을 넣어 골고루 섞어주고 뚜껑을 덮어 다시 전자레인지에 넣어 4분간 돌려주세요.

4 접시에 ③의 실곤약 팟타이를 옮겨 담고, 레몬즙을 조금 뿌려준 뒤 스리라차소스, 땅콩가루를 뿌려서 완성해주세요.

> **TIP** 이때 재료에서 나온 물기가 너무 흥건하다면 옮겨 담을 때 약간 따라내도 좋습니다.

실곤약라이스페이퍼만두

#에어프라이어
20분

만두 소

- 실곤약 — 100g
- 느타리버섯 — 30g
- 양파 — 1/4개
- 빨강 파프리카 — 1/4개
- 청양고추 — 1개
- 달걀 — 1개
- 냉동 동태포 — 100g
- 굴소스 — 1/2순가락
- 소금 — 조금
- 후춧가루 — 조금

- 라이스페이퍼 — 9장
- 아보카도오일 — 적당히
- 쪽파 — 조금

에어프라이어를 사용할 때에는 온도가 200℃까지 올라가기도 해서 발연점(연기가 나기 시작하는 온도. 연기가 나는 순간부터 기름이 타기 때문에 몸에 좋지 않아요)이 높은 아보카도오일(발연점 250℃)을 사용하는 게 좋아요. 올리브오일은 발연점이 160~170℃로 낮은 편이라 간단한 볶음요리나 샐러드용으로 사용하는 게 더 적절합니다.

1　채소다지기에 실곤약과 느타리버섯을 뺀 만두 소 재료를 모두 넣고 잘 다져주세요.

2　①에 실곤약과 느타리버섯을 가위로 적당한 크기로 잘라 넣고 잘 섞어주세요.

> **TIP** 실곤약과 느타리버섯은 채소다지기로 다져주면 식감이 없어져버려서 따로 가위로 잘라 넣었어요.

3　라이스페이퍼를 따뜻한 물에 적셔서 ②의 소를 1순가락 듬뿍 넣고 월남쌈 싸듯이 잘 말아주세요.

4　③에 아보카도오일을 충분히 발라준 후 에어프라이어에 종이포일을 깔고 간격을 두고 올려준 후 160℃에서 20분간 돌려주세요. 구운 만두는 꺼내서 접시에 담고 쪽파를 뿌려서 완성해주세요.

크림시금치곤약비빔면

- 실곤약 — 200g
- 시금치 — 100g
- 견과류 — 1줌(20g)
- 다진 마늘 — 1/2숟가락
- 생크림 — 1컵
- 소금 — 조금
- 파르메산치즈가루 — 2숟가락
- 후춧가루 — 조금
- 파슬리가루 — 조금

1 그릇에 실곤약과 실곤약이 잠길 정도의 물을 담고 식초를 1숟가락 넣은 뒤 전자레인지에 넣고 3분 돌려준 후 키친타월로 물기를 최대한 제거해서 준비해주세요.

2 깨끗하게 씻은 시금치는 위생봉지에 넣고 전자레인지에 1분 돌려 살짝 데쳐서 준비합니다.

> **TIP** 시금치 데칠 때는 따로 물을 넣지 않아도 됩니다.

3 믹서에 ②의 데친 시금치, 다진 마늘, 견과류, 파르메산치즈가루, 생크림, 소금 조금, 후춧가루 조금을 넣고 곱게 갈아주세요.

> **TIP** 조금 더 고소하게 즐기고 싶다면 여기에 체더치즈를 1장 추가해도 좋아요.

4 접시에 물기를 충분히 제거한 ①의 실곤약을 올리고 ③을 그 위에 올린 후 파슬리가루, 파르메산치즈가루를 조금 뿌려주면 완성입니다. 크림 시금치와 실곤약을 잘 섞어 맛있게 드세요.

실곤약부대찌개

#전자레인지
9분 + 1분

찌개 양념

- 간장 — 1/2숟가락
- 참치액 — 1숟가락
- 스리라차소스 — 1/2숟가락
- 고춧가루 — 1/2숟가락
- 다진 마늘 — 1/2숟가락
- 쪽파 — 1개
- 후춧가루 — 조금

- 실곤약 — 100g
- 양파 — 1/8개
- 느타리버섯 — 20g
- 다진 김치 — 1숟가락
- 두부 — 1/4모
- 닭가슴살 슬라이스햄 — 4장
- 닭가슴살 소시지 — 1/2개
- 체더치즈 — 1장
- 청양고추 — 조금
- 홍고추 — 조금
- 물 — 1컵
- 크러시드 레드페퍼 — 조금

1 그릇에 준비한 찌개 양념 재료를 모두 넣고 잘 섞어 양념장을 만들어 주세요.

2 전자레인지 용기에 깨끗하게 씻어 물기를 뺀 실곤약과 적당한 크기로 썬 양파, 느타리버섯, 두부, 다진 김치, 닭가슴살 슬라이스햄, 닭가슴살 소시지, 물을 넣은 뒤, ①에서 만든 양념을 물에 잘 풀어준 다음 전자레인지에서 9분간 돌려주세요.

> **TIP** 이때 전자레인지 안에서 끓어 넘칠 수 있으니 꼭 넉넉한 크기의 용기를 사용해주세요.

3 ②를 꺼내 체더치즈 1장을 올리고 다시 전자레인지에 넣어 1분 돌려 주세요.

4 ③에 어슷하게 썬 청양고추와 홍고추를 올리고 크러시드 레드페퍼를 뿌려 완성해주세요.

> **TIP** 홍고추는 생략 가능합니다. 크러시드 레드페퍼는 굵은 고춧가루로 대체할 수 있어요.

실곤약짜장면

- 실곤약 — 150g
- 달걀 — 1개
- 양배추 — 1장
- 양파 — 1/4개
- 감자 — 1/4개
- 대파 — 조금
- 닭가슴살 소시지 — 1/2개
- 짜장가루 — 2숟가락
- 물 — 4숟가락
- 올리브오일 — 1숟가락
- 크러시드 레드페퍼 — 조금

1 그릇에 달걀 1개를 넣고 젓가락으로 노른자에 구멍을 내고 전자레인지에 50초 돌려서 달걀프라이를 준비해주세요.

> **TIP** 달걀프라이는 생략 가능해요.

2 실곤약은 깨끗이 씻은 후 물기를 빼서 준비해주세요.

3 전자레인지 용기에 ②의 실곤약, 한 입 크기로 썬 양배추, 양파, 닭가슴살 소시지, 얇게 썬 감자, 대파, 짜장가루, 물, 올리브오일을 넣고 가루가 뭉치지 않게 잘 섞은 후 뚜껑을 덮고 전자레인지에 5분간 돌려주세요.

> **TIP** 재료를 섞을 때 위생장갑을 끼고 손으로 버무리면 더 편해요.

4 ③의 짜장면을 꺼내 잘 섞은 후 접시에 담고 ①의 달걀프라이를 올린 후 크러시드 레드페퍼를 조금 뿌려주면 완성입니다.

> **TIP** 전 설거지 늘어나는 게 싫어서 다른 그릇에 옮겨 담지 않고 전자레인지에 넣었던 그릇 그대로 먹어요.
> 크러시드 레드페퍼 대신 고춧가루를 뿌려 먹어도 괜찮아요.

겨자소스곤약말이

#조리도기구
필요 없음

겨자소스

○ 겨자 — 1/2숟가락
○ 다진 마늘 — 1/2숟가락
○ 간장 — 1숟가락
○ 식초 — 1숟가락
○ 에리스리톨 — 1/2숟가락
○ 소금 — 조금

○ 곤약 — 1/2개
○ 양파 — 1/8개
○ 깻잎 — 3장
○ 사과 — 1/4개
○ 빨강 파프리카 — 1/4개
○ 노랑 파프리카 — 1/4개
○ 게맛살 — 3개
○ 검은깨 — 조금

1 그릇에 준비한 겨자소스 재료를 모두 넣고 잘 섞어주세요.

> **TIP** 겨자는 한꺼번에 넣지 말고 조금씩 넣으며 취향에 맞게 조절하세요.

2 양파, 깻잎, 사과, 빨강 파프리카, 노랑 파프리카는 도톰한 두께로 채 썰고, 게맛살은 반으로 잘라주고, 곤약은 물에 한번 씻어서 최대한 얇게 썰어 준비해주세요.

> **TIP** 채소들은 가위로 자르면 빠르게 준비할 수 있어 편해요. 곤약은 두껍게 자르면 말아서 고정하기 힘드니 가급적 얇게 썰어야 해요.

3 ②의 곤약에 준비한 양파, 깻잎, 사과, 파프리카, 게맛살을 조금씩 올린 다음 돌돌 말아주세요.

> **TIP** 곤약이 두껍게 썰려 고정이 잘 안 된다면 김을 곤약보다 조금 더 얇고 길게 잘라서 곤약 위에 덧대어 말고 끝에 물을 묻혀 고정하는 방법도 있어요.

4 ③의 곤약 위에 ①의 겨자소스를 조금 바른 다음 검은깨를 조금 올려 완성해주세요.

> **TIP** 검은깨는 생략 가능해요.

돼지고기실곤약말이

○ 실곤약 — 100g
○ 돼지고기 뒷다리살(불고기용) — 240g
○ 양파 — 1/4개
○ 애호박 — 1/4개
○ 크림치즈 — 50g
○ 소금 — 조금
○ 후춧가루 — 조금
○ 파슬리가루 — 조금

1 얇고 길게 썬 돼지고기 뒷다리살 6점을 펼쳐서 소금과 후춧가루를 조금 뿌려 준비해주세요.

2 양파와 애호박은 얇게 채 썰고, 헹궈서 물기를 뺀 실곤약은 너무 길지 않게 가위로 듬성듬성 잘라 그릇에 넣어주세요. 여기에 크림치즈, 소금, 후춧가루를 넣고 잘 섞어주세요.

> **TIP** 크림치즈가 처음에는 잘 섞이지 않아요. 천천히 잘 섞어주세요. 크림치즈 대신 파스타용 토마토소스를 넣어도 맛있어요.

3 ①의 밑간한 고기에 ②를 두툼하게 한 덩어리씩 올리고 돌돌 말아줍니다. 6개 다 만들어지면 접시에 올리고 뚜껑을 덮은 뒤 전자레인지에 넣어 7분간 돌려주세요.

4 ③의 고기말이를 꺼낸 뒤 파슬리가루를 조금 올려 완성해주세요.

> **TIP** 반으로 잘라서 발사믹글레이즈를 부려 먹어도 맛있어요. 스리라차소스도 잘 어울립니다.

PART 9

샐러드

샐러드비빔밥

#전자레인지
40초 + 3분

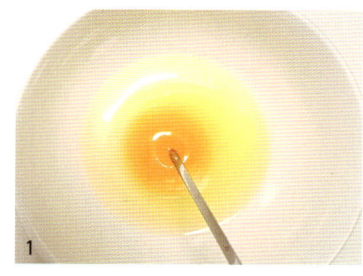
재료

○ 냉동 닭가슴살 — 1개
○ 달걀 — 1개
○ 샐러드 채소 — 1줌
○ 잡곡밥 — 1/2그릇
○ 스리라차소스 — 적당량
○ 크러시드 레드페퍼 — 조금

양념장

○ 간장 — 1숟가락
○ 스리라차소스 — 1숟가락
○ 식초 — 1/2숟가락
○ 에리스리톨 — 1/2숟가락
○ 다진 마늘 — 1/2숟가락
○ 고춧가루 — 조금
○ 참깨 — 조금
○ 참기름 — 조듬

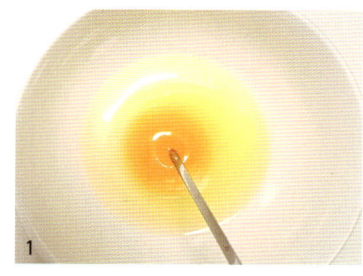

1 그릇에 달걀 1개를 넣고 젓가락 혹은 포크로 노른자에 구멍을 낸 다음 전자레인지에 40초 돌려서 달걀프라이를 준비해주세요.

2 냉동 닭가슴살 1개를 위생봉투에 넣고 전자레인지에 3분간 돌려서 익힌 후 꺼내 잘게 찢어주세요.

> **TIP** 닭가슴살의 크기나 전자레인지 사양에 따라 익는 정도가 다르므로 2분 30초 돌린 후 가위로 반을 잘라 확인해본 후 덜 익었으면 30초 정도 더 돌려주세요.

3 깨끗이 씻은 샐러드 채소는 물기를 빼서 그릇에 담고 위에 잡곡밥 1/2그릇을 넣어주세요.

> **TIP** 평소 먹는 밥 양의 반만 담아주세요.

4 ③ 위에 준비해둔 ②의 닭가슴살과 ①의 달걀프라이를 차례로 올린 후 분량의 재료로 만든 양념장과 크러시드 레드페퍼를 곁들여 비벼 드세요.

두부아보카도샐러드

재료

1인분

- 두부 — 1/2모
- 아보카도 — 1/2개
- 샐러드 채소 — 1줌

드레싱

- 양파 — 1/8개
- 빨강 파프리카 — 1/8개
- 노랑 파프리카 — 1/8개
- 다진 마늘 — 1/3숟가락
- 간장 — 1숟가락
- 식초 — 1/2숟가락
- 올리브오일 — 1숟가락
- 알룰로스 — 1/3숟가락
- 후춧가루 — 조금
- 참깨 — 조금

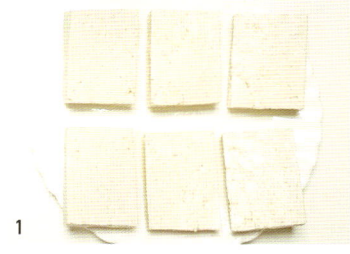

아보카도는 껍질이 짙은 갈색 빛이 돌면 잘 익은 건데 색으로 구분하기 힘들 때는 손가락으로 살짝 눌러봤을 때 물렁한 느낌이 들면 익은 거예요. 후숙이 된 아보카도는 위생봉투 혹은 랩으로 잘 싸서 냉장 보관하면 됩니다. 일단 후숙이 된 아보카도는 되도록 빨리 먹어야 해요.

1 준비한 두부는 6등분한 뒤 전자레인지에 1분간 데워주세요.

2 그릇에 양파, 빨강 파프리카, 노랑 파프리카를 적당한 크기로 다져 넣고 나머지 드레싱 재료를 같이 섞어 드레싱을 만들어주세요.

3 아보카도는 껍질을 벗긴 후 두부 두께와 비슷하게 썬 다음 ②의 두부와 차례로 하나씩 배열합니다.

> **TIP** 저는 아보카도 크기에 맞춰 두부를 약간 더 잘라줬어요. 모양에 신경 쓰지 않는다면 그냥 써도 괜찮아요.

4 접시 위에 깨끗이 씻어 물기를 뺀 샐러드 채소를 올리고 ③의 두부와 아보카도를 배열한 모양대로 잘 올린 후 ②에서 만든 드레싱을 부어주면 완성입니다.

갈릭새우샐러드

밑간 새우

○ 냉동새우 — 7마리
○ 다진 마늘 — 1숟가락
○ 올리브오일 — 2숟가락
○ 알룰로스 — 1/2숟가락
○ 소금 — 조금
○ 후춧가루 — 조금

○ 샐러드 채소 — 1줌
○ 아보카도 — 1/2개
○ 브로콜리 — 조금
○ 아몬드 — 조금

1 냉동새우는 물에 한번 씻어 물기를 뺀 뒤 그릇에 담고 밑간 재료를 모두 넣어 잘 버무린 다음 전자레인지에서 2분 30초 돌려주세요.

2 샐러드 채소를 깨끗이 씻어 물기를 빼주고 그릇에 담아 준비합니다.

3 껍질을 벗긴 아보카도는 세로로 얇게 썰어 ②의 샐러드 채소 위에 올려줍니다.

4 ③의 아보카도 위에 데친 브로콜리와 아몬드를 조금 얹고 ①의 갈릭 새우를 올려줍니다.

> **TIP** 남은 새우 양념을 샐러드 위에 뿌려 먹으면 맛있습니다.

브로콜리 전자레인지로 데치기

브로콜리 꽃봉오리 부분만 먹기 좋은 크기로 잘라 식초에 담가 깨끗하게 씻은 다음 물기를 털지 않은 상태로 전자레인지 용기에 넣고 뚜껑을 덮어 3분 돌려준 후 찬물에 헹구면 됩니다.

매운오징어샐러드

#전자레인지
3분

재료

드레싱

- 다진 마늘 — 1/3숟가락
- 식초 — 1/2숟가락
- 참기름 — 1/2숟가락
- 스리라차소스 — 2숟가락
- 에리스리톨 — 1/2숟가락
- 고춧가루 — 1/2숟가락

- 오징어(몸통만) — 1마리
- 돌나물 — 1줌
- 참깨 — 조금

1 그릇에 준비한 드레싱 재료를 모두 넣고 잘 섞어서 되직한 질감의 드레싱을 만들어주세요.

2 생오징어 몸통을 가로로 적당한 굵기로 자른 다음 용기에 담고 뚜껑을 덮어서 전자레인지에서 3분 돌려서 익혀줍니다.

> **TIP** 데칠 때 물을 따로 넣을 필요는 없어요. 뚜껑은 꼭 닫아줘야 하는데 그렇지 않으면 오징어가 펑펑 터져서 전자레인지 안에 다 튀어요.
> 몸통을 자를 때는 다리가 뻗어 있는 반대 방향으로 잘라주세요. 다리 방향으로 자르면 오징어가 동그랗게 말려버려요.

3 깨끗이 씻어 물기를 뺀 돌나물 1줌을 접시에 올리고 그 위에 ②에서 익힌 오징어를 올려주세요.

> **TIP** 돌나물은 샐러드 채소로 대체 가능합니다.

4 오징어 위에 준비해둔 ①의 드레싱을 올리고 참깨를 조금 뿌려서 맛있게 드세요.

연어과카몰리샐러드

재료

재료 **1인분**

과카몰리

○ 아보카도 — 1/2개
○ 방울토마토 — 2개
○ 다진 양파 — 1숟가락
○ 레몬즙 — 1/3숟가락
○ 올리브오일 — 1/2숟가락
○ 소금 — 조금

드레싱

○ 플레인요거트(쿠설탕) — 2숟가락
○ 고추냉이 — 조금
○ 알룰로스 — 1숟가락
○ 소금 — 조금
○ 후춧가루 — 조금

○ 슬라이스 연어 — 6점
○ 샐러드 채소 — 1줌
○ 블랙올리브 — 조금
○ 파슬리 가루 — 조금
○ 크러시드 레드페퍼 — 조금

잘 익은 아보카도는 포크로 으깨면 쉽게 으깨져요. 아보카도는 껍질이 짙은 갈색 빛이 돌면 잘 익은 건데 색으로 구분하기 힘들 때는 손가락으로 살짝 눌러봤을 때 물렁한 느낌이 들면 익은 거예요. 후숙이 된 아보카도는 위생봉투 혹은 랩으로 잘 싸서 냉장 보관하면 됩니다. 일단 후숙이 되면 아보카도는 되도록 빨리 먹어야 해요.

1 그릇에 아보카도, 잘게 다진 방울토마토와 양파, 올리브오일, 레몬즙, 소금을 넣고 포크로 으깨며 잘 섞어 과카몰리를 만들어주세요.

2 그릇에 준비한 드레싱 재료를 모두 넣고 잘 섞어 드레싱을 만듭니다.

3 깨끗이 씻어 물기를 뺀 샐러드 채소 위에 ①에서 만든 과카몰리를 올려주세요.

4 ③의 과카몰리 위에 슬라이스 연어 6점을 올리고 블랙올리브를 조금 곁들인 뒤 ②의 드레싱을 올리고 파슬리, 크러시드 레드페퍼를 뿌려 완성하세요.

TIP 훈제 연어를 사용해도 좋아요.

돼지불고기샐러드

#전자레인지
3분 + 2분

돼지불고기
- 돼지고기 뒷다리살(불고기용) — 150g
- 양파 — 1/4개
- 다진 마늘 — 1/2숟가락
- 간장 — 1숟가락
- 참기름 — 1/2숟가락
- 에리스리톨 — 1/2숟가락
- 후춧가루 — 조금

- 샐러드 채소 — 1줌
- 발사믹글레이즈 — 조금
- 아몬드가루 — 조금

돼지고기 뒷다리살은 불고기용으로 구입하면 얇게 저며져 있어요. 불고기용으로 조리하면 양념도 잘 배고 조리시간도 단축됩니다. 뒷다리살은 지방이 적어서 다이어트에도 좋고 가격도 저렴한데 대신 식감이 약간 퍽퍽합니다. 이에 비해 앞다리살은 지방 함량이 조금 높지만 더 맛있어요. 뒷다리살보다는 약간 비싸지만 삼겹살 같은 부위에 비해선 훨씬 저렴합니다. 장단점을 고려해서 원하는 부위로 선택하면 됩니다.

1 그릇에 돼지불고기 재료를 모두 넣고 잘 섞은 다음 뚜껑을 덮고 전자레인지에 넣어 3분간 돌려주세요. 꺼내서 가위로 고기를 먹기 좋은 크기로 잘라주고 잘 섞은 다음 다시 뚜껑을 덮고 전자레인지에 2분간 더 돌려 완전히 익혀주세요.

> **TIP** 고기에 양념을 할 때는 한 장 한 장 잘 떼어서 사이사이에 양념이 잘 배도록 하세요. 고기는 좀 익은 다음에 썰어야 잘 잘린답니다.

2 샐러드 채소는 깨끗이 씻어 물기를 뺀 뒤 접시에 담아줍니다.

3 ①의 잘 익은 돼지불고기를 ②의 샐러드 채소 위에 올려주세요.

4 ③의 돼지불고기 위에 아몬드가루와 발사믹글레이즈를 뿌려 맛있게 드세요.

> **TIP** 아몬드가루는 생략해도 상관없어요. 포도를 농축해서 만든 발사믹글레이즈는 새콤달콤해서 고기와 샐러드에 잘 어울리는 드레싱입니다.

단호박견과류샐러드

1인분

○ 단호박 — 1/4개
○ 치커리 — 1줌
○ 마카다미아 — 조금
○ 아몬드 — 조금
○ 올리브오일 — 1숟가락
○ 소금 — 조금
○ 후춧가루 — 조금
○ 파슬리가루 — 조금

1 단호박은 전자레인지에 넣고 4분간 돌린 다음 꺼내어 칼로 얇게 썰어 주세요.

> **TIP** 단호박 크기에 따라 익는 시간이 다를 수 있으니 익은 상태를 보고 전자 레인지 돌리는 시간을 조절해주세요. 단호박은 익힌 뒤 썰어야 잘 썰려요.

2 깨끗이 씻어 물기를 뺀 치커리에 올리브오일 1숟가락, 소금 조금, 후 춧가루 조금 넣고 버무려서 접시에 담아주세요.

> **TIP** 치커리의 쌉싸름한 맛이 싫다면 다른 잎채소로 대체하세요.

3 ②의 버무린 치커리 위에 ①의 익힌 단호박과 마카다미아, 아몬드를 올리고 파슬리가루를 뿌려서 맛있게 드세요.

> **TIP** 올리브오일, 소금, 후추만 넣은 샐러드로, 다른 드레싱을 사용해서 샐러 드를 만드는 것보다 원재료의 맛을 충분히 느낄 수 있어 좋습니다. 올리 브오일의 풍미와 소금의 짭짤함이 단호박샐러드와 무척 잘 어울립니다.

리코타치즈샐러드

#전자레인지
4분

재료 ▶ 1인분

리코타치즈

○ 우유 — 2컵
○ 식초 — 1숟가락
○ 소금 — 조금

○ 샐러드 채소 — 1줌
○ 건포도 — 조금
○ 슬라이스 아몬드 — 조금
○ 발사믹글레이즈 — 조금

유청을 거를 때는 고운 거름망을 사용해서 숟가락으로 꾹꾹 눌러주면 됩니다. 따로 면포로 감싸 짜지 않아도 잘 걸러져요. 유청 속에는 유청단백, 칼슘, 미네랄 등 좋은 영양소가 들어 있어서 전 버리지 않고 그릇에 따로 받아서 따뜻할 때 먹어요. 가끔 얼굴 팩 재료로 유청을 활용하기도 하는데 이 경우에는 소금이 들어가서 적합하지 않아요.

1 전자레인지용 그릇에 리코타치즈 재료를 모두 넣고 저어준 후 전자레인지에 4분간 돌려줍니다. 그런 다음 꺼내서 유청이 분리되도록 숟가락으로 살살 저어주세요.

> **TIP** 우유가 끓어 넘칠수 있으므로 넉넉한 크기의 그릇을 사용하세요.

2 거름망 위에 ①을 붓고 30분 정도 두어 유청을 분리해내면 초간단 리코타치즈가 완성됩니다.

3 샐러드볼에 깨끗이 씻어 물기를 뺀 샐러드 채소를 담고 위에 ②의 리코타치즈와 건포도를 올려주세요.

> **TIP** 적근대의 빨간 줄기 부분이 위로 보이도록 채소를 담으면 색감이 더해져 더 맛있어 보입니다.

4 ③의 리코타치즈 위에 슬라이스 아몬드를 올리고 발사믹글레이즈를 뿌려서 맛있게 드세요.

버섯샐러드

#전자레인지
2분

- ○ 느타리버섯 — 1줌(130g)
- ○ 샐러드 채소 — 1줌
- ○ 참깨 — 조금

드레싱
- ○ 양파 — 1/8개
- ○ 다진 마늘 — 1/2숟가락
- ○ 올리브오일 — 1숟가락
- ○ 간장 — 1숟가락
- ○ 식초 — 1숟가락
- ○ 에리스리톨 — 1/2숟가락
- ○ 후춧가루 — 조금

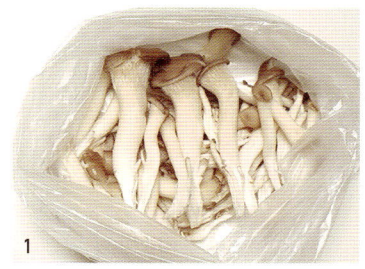

1 느타리버섯은 물에 가볍게 헹궈서 물기를 뺀 뒤 위생봉투에 넣어 전자레인지에서 2분 돌려 준비해주세요.

2 준비한 양파는 잘게 다지고 나머지 드레싱 재료와 모두 그릇에 넣고 잘 섞어 드레싱을 만들어주세요.

3 접시에 깨끗이 씻어 물기를 뺀 샐러드 채소를 올리고 위에 ①에서 준비한 버섯을 가지런히 올려주세요.

4 버섯 위에 ②에서 만들어둔 드레싱을 올리고 참깨를 조금 뿌려주면 완성입니다.

PART 10

도시락

DIET RECIPE

게맛살오픈토스트

재료

양념 게맛살
- 게맛살 — 2개
- 플레인요거트(무설탕) — 1숟가락
- 알룰로스 — 1/2숟가락
- 머스터드 — 1/3숟가락
- 후춧가루 — 조금

- 통밀 식빵 — 1장
- 체더치즈 — 1장
- 방울토마토 — 4개
- 브로콜리 — 40g
- 크러시드 레드페퍼 — 조금

1 그릇에 찢은 게맛살과 나머지 양념 게맛살 재료를 모두 넣고 잘 버무려 준비해주세요.

2 통밀 식빵 위에 ①의 양념 게맛살을 올리고 체더치즈 1장을 올린 다음 전자레인지에 1분간 돌려주세요.

3 ②의 토스트를 꺼내 위에 크러시드 레드페퍼를 뿌리고 준비한 도시락 용기에 넣어주세요.

4 토스트를 넣고 남은 자리에 방울토마토, 데친 브로콜리를 넣어주세요.

TIP 좋아하는 과일이나 채소를 자유롭게 곁들여도 좋아요.

브로콜리 전자레인지로 데치기

브로콜리 꽃봉오리 부분만 먹기 좋은 크기로 잘라 식초에 담가 깨끗하게 씻은 다음 물기를 털지 않은 상태로 전자레인지 용기에 넣고 뚜껑을 덮어 3분 돌려준 후 찬물에 헹구면 됩니다.

연어토르티야롤

#조리기구
필요 없음

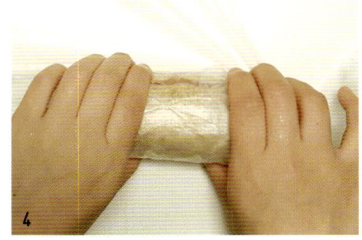

재료   1개 분량

소스

- 양파 — 1/8개
- 플레인요거트(무설탕) — 2숟가락
- 알룰로스 — 1/2숟가락
- 고추냉이 — 조금
- 소금 — 조금
- 후춧가루 — 조금

- 통밀 토르티야 — 1장
- 슬라이스 연어 — 4점
- 체더치즈 — 1장
- 상추 — 2장
- 아보카도 — 1/4개

1   그릇에 준비한 소스 재료를 모두 넣고 잘 섞어 소스를 만들어 주세요.

2   랩을 깐 다음 위에 통밀 토르티야를 올리고 연어와 체더치즈를 얹어 주세요.

> **TIP**   훈제 연어를 사용해도 좋아요.

3   ② 위에 상추와 아보카도, ①의 소스를 올려주세요.

> **TIP**   상추는 두꺼운 줄기 부분을 적당히 잘라내고 사용해주세요.

4   ③을 돌돌 말아 랩으로 팽팽하게 2번 정도 랩핑한 다음 반으로 잘라 주세요.

> **TIP**   매직랩을 사용할 경우 첫 번째 감쌀 때는 끈적한 면이 바깥으로 가도록 하고, 두 번째 감쌀 때는 안쪽을 향하게 해주세요.

카레토르티야롤

카레밥

- 달걀 — 1개
- 느타리버섯 — 20g
- 양파 — 1/8개
- 빨강 파프리카 — 1/8개
- 잡곡밥 — 3숟가락
- 카레가루 — 1숟가락

- 통밀 토르티야 — 1장
- 상추 — 2장
- 케일 — 2장
- 닭가슴살 소시지 — 1개
- 단호박 — 조금
- 방울토마토 — 2개
- 아몬드 — 조금

1 그릇에 준비한 카레밥 재료를 모두 넣고 잘 섞어서 전자레인지에서 2분간 돌린 다음 한 번 더 잘 섞어 준비해주세요.

2 랩을 바닥에 깔고 통밀 토르티야 1장 — 케일 2장(잎 부분만) — ①의 카레밥 절반 — 닭가슴살 소시지 순으로 올려주세요.

3 ②에서 쓰고 남은 카레밥으로 ②의 소시지를 덮은 다음 토르티야를 돌돌 말아 랩으로 2번 랩핑해주세요.

> **TIP** 매직랩을 사용할 경우 첫 번째 감쌀 때는 끈적한 면이 바깥으로 가도록 하고, 두 번째 감쌀 때는 안쪽을 향하게 해주세요.

4 도시락 용기에 상추 2장을 깔고 칼로 4등분한 ③의 토르티야롤을 담은 뒤 빈 공간에 익힌 단호박, 방울토마토, 아몬드를 곁들여 완성해주세요.

단호박(1개 기준) 익히는 법

단호박은 베이킹소다로 문질러 깨끗하게 씻은 후 통째로 전자레인지에 넣고 5분간 돌려주세요. 그런 다음 꺼내서 반으로 잘라 씨를 파내고 1/4크기로 자른 후 위생봉지에 넣어서 전자레인지에 다시 5분 돌려 완전히 익혀줍니다.(단호박 크기에 따라 전자레인지 돌리는 시간을 조절해주세요.) 사용하고 남은 단호박은 먹기 좋은 크기로 잘라서 용기에 넣어 냉장 보관해주세요.

스리라차오징어김밥

#전자레인지
2분 + 1분

오징어무침

- ○ 오징어(다리 포함) — 1마리
- ○ 다진 마늘 — 1/2숟가락
- ○ 간장 — 1숟가락
- ○ 식초 — 1/2숟가락
- ○ 참기름 — 1/2숟가락
- ○ 스리라차소스 — 2숟가락
- ○ 에리스리톨 — 1/2숟가락
- ○ 고춧가루 — 1/2숟가락

- ○ 김밥김 — 1장
- ○ 상추 — 4장
- ○ 깻잎 — 2장
- ○ 노랑 파프리카 — 1/4개
- ○ 샐러드 채소 — 1줌
- ○ 아몬드 — 조금
- ○ 잡곡밥 — 3숟가락
- ○ 참기름 — 조금

생물 오징어를 그때그때 사는 건 쉽지 않아서 저는 냉동 손질 오징어를 구입해뒀다가 해동시켜 사용하고 있어요. 전자레인지에서 오징어를 익힐 때는 뚜껑을 덮지 않으면 안에서 오징어가 펑펑 터져서 전자레인지가 엉망이 됩니다. 뚜껑이 없으면 그릇을 위생봉투에 넣어주세요. 중간에 꺼내서 한번 섞어주는 이유는 잘 안 익는 가운데 부분까지 골고루 익히기 위함입니다.

1 오징어를 가위로 오징어 다리 굵기로 적당히 잘라서 뚜껑을 덮고 전자레인지에 2분 돌리고 꺼내서 한번 섞어준 후 다시 1분 돌려 익혀줍니다. 여기에 나머지 오징어무침 재료를 모두 넣고 잘 버무려주세요.

2 김 위에 잡곡밥을 얇게 잘 펼쳐주고 상추 4장 – 오징어무침 – 깻잎 2장 – 노랑 파프리카 1/4개 순으로 넣고 잘 말아준 다음 김밥 끝에 물을 묻혀서 잘 고정시켜줍니다.

> **TIP** 김밥을 말 때 손가락 두 마디 정도 김 끝부분을 남겨두고 재료를 놓아야 잘 풀어지지 않아요.

3 ②의 김밥에 참기름을 바르고 먹기 좋은 크기로 잘라주세요.

4 도시락 용기에 샐러드 채소를 깔고 그 위에 ③의 오징어김밥을 하나씩 올린 뒤 아몬드를 곁들여 완성해주세요.

당근라페김밥

당근라페

- 당근(大) — 2/3개
- 레몬즙 — 1숟가락
- 올리브오일 — 2숟가락
- 홀그레인 머스터드 — 1/2숟가락
- 에리스리톨 — 1숟가락
- 소금 — 1/3숟가락

- 김밥김 — 1장
- 라이스페이퍼 — 2장
- 깻잎 — 4장
- 게맛살 — 4개
- 체더치즈 — 2장
- 참기름 — 조금

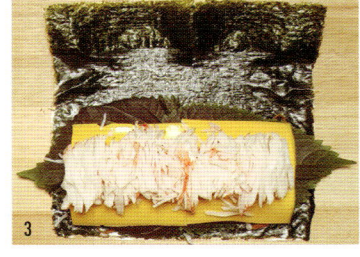

1 당근을 채 썰어서 그릇에 담고 소금 1/3숟가락을 넣고 섞어 15분간 재워둡니다. 그런 다음 당근에서 물기를 짜고 나머지 당근라페 재료와 잘 섞어주세요.

> **TIP** 당근라페는 만든 다음 냉장고에 넣어 하루 숙성시켰다가 먹으면 더 맛있어요

2 김밥김 1장에 라이스페이퍼 2장을 따뜻한 물에 적셔서 재료가 올라갈 부분에 넓게 깔아주고 ①의 당근라페를 듬뿍 올려주세요.

3 ②의 당근라페 위에 깻잎 2장, 체더치즈 2장, 찢어둔 게맛살 4개를 올린 뒤 단단하게 말아주고 김밥 끝에 물을 묻혀 잘 고정해주세요.

> **TIP** 김밥을 말 때 손가락 두 마디 정도 김 끝부분을 남겨두고 재료를 놓아야 잘 풀어지지 않아요.

4 ③의 김밥에 참기름을 발라서 썬 뒤 깻잎 2장을 깐 도시락 용기에 넣어 완성해주세요.

아보카도고추참치비빔밥

#전자레인지
2분 + 3분

○ 두부 — 1/2모
○ 잡곡밥 — 3숟가락
○ 아보카도 — 1/2개
○ 크러시드 레드페퍼 — 조금

고추참치

○ 참치 통조림 — 100g
○ 양파 — 1/4개
○ 느타리버섯 — 50g
○ 청양고추 — 2개
○ 다진 마늘 — 1숟가락
○ 간장 — 2숟가락
○ 스리라차소스 — 1숟가락
○ 에리스리톨 — 1숟가락
○ 고춧가루 — 1숟가락
○ 후춧가루 — 조금

아보카도는 껍질이 짙은 갈색 빛이 돌면 잘 익은 건데 색으로 구분하기 힘들 때는 손가락으로 살짝 눌러봤을 때 물렁한 느낌이 들면 익은 거예요. 후숙이 된 아보카도는 위생봉투 혹은 랩으로 잘 싸서 냉장 보관하면 됩니다. 일단 후숙이 된 아보카도는 되도록 빨리 먹어야 해요.

1 그릇에 물기 뺀 두부와 잡곡밥 3숟가락을 넣고 으깨면서 섞은 다음 전자레인지에서 2분간 돌려주세요.

2 그릇에 준비한 참치와 잘게 썬 양파, 느타리버섯, 청양고추, 나머지 고추참치 재료를 모두 넣고 잘 섞은 다음 전자레인지에서 3분간 돌려 주세요.

3 도시락 용기에 ①의 두부밥을 깔아주고 그 위에 ②의 고추참치를 올려 펼쳐주세요.

4 아보카도 1/2개를 얇게 슬라이스해서 ③의 고추참치 위에 올리고 크러시드 레드페퍼를 뿌려서 마무리합니다.

두부제육쌈밥

#전자레인지
1분 + 3분
+ 2분

○ 두부 — 1/4모
○ 상추 — 3장
○ 적겨자 — 3장
○ 청양고추 — 1개
○ 슬라이스 아몬드 — 조금

제육볶음
○ 돼지고기 뒷다리살 — 150g
○ 간장 — 1숟가락
○ 참기름 — 1/2숟가락
○ 스리라차소스 — 1숟가락
○ 에리스리톨 — 1숟가락
○ 고춧가루 — 1숟가락
○ 후춧가루 — 조금

고기에 양념을 할 때는 한 장 한 장 잘 떼어서 사이사이에 양념이 잘 배도록 하세요. 돼지고기 뒷다리살의 경우 불고기용으로 구입하면 보통 얇게 저며져 있어요. 불고기용으로 조리하면 양념도 잘 배고 조리시간도 단축됩니다. 뒷다리살을 사용하는 이유는 지방이 적어서 다이어트에도 좋고 가격도 저렴해서인데, 대신 식감이 약간 퍽퍽합니다. 앞다리살은 지방 함량이 조금 높지만 더 맛있긴 해요. 뒷다리살보다는 약간 비싸지만 삼겹살 같은 부위에 비해선 역시 저렴합니다. 장단점을 고려해서 원하는 부위로 선택하면 됩니다.

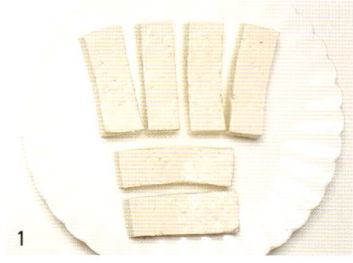

1 두부 1/4모는 6조각으로 잘라서 접시에 담고 전자레인지에 1분 돌려서 준비해주세요.

2 그릇에 제육볶음 재료를 모두 넣고 잘 버무린 후 뚜껑을 덮어 전자레인지에 3분 돌렸다가 꺼냅니다. 돼지고기를 가위로 먹기 좋은 크기로 자르고 섞어준 후 다시 뚜껑을 덮고 전자레인지에 2분 돌려 익혀주세요.

3 도시락 용기에 동그랗게 만 상추 3장, 적겨자 3장을 번갈아 담고 그 안에 ①에서 준비한 두부를 1조각씩 올려주세요.

> **TIP** 상추, 적겨자는 두꺼운 줄기를 잘라내고 부드러운 잎 부위만 사용하세요.

4 ③의 두부 옆에 ②의 제육볶음을 한 덩어리씩 올려주고 그 위에 슬라이스 아몬드, 청양고추 1조각씩을 올려 완성해주세요.

> **TIP** 슬라이스 아몬드 대신 얇게 썬 마늘을 올려도 잘 어울려요.

PART 11

스무디

DIET RECIPE

ABC주스

#믹서
#뱃살타파

재료		1인분

○ 사과 ─ 100g
○ 당근 ─ 100g
○ 비트 ─ 30g
○ 물 ─ 2컵

1 적당한 크기로 썬 비트와 당근을 전자레인지에 넣고 3분간 돌려주세요.

2 믹서에 준비한 재료를 모두 넣고 40초 정도 돌려주세요.

사과파프리카스무디

#믹서
#혈관튼튼

재료   1인분

○ 사과 — 100g
○ 노랑 파프리카 — 40g
○ 물 — 1컵

1 깨끗이 씻은 사과와 파프리카는 적당한 크기로 썰어주세요.

2 믹서에 준비한 재료를 모두 넣고 40초 정도 돌려주세요.

시금치견과류스무디

#믹서
#칼슘빵빵

재료	1인분

○ 시금치 — 1줌(40g)
○ 견과류 — 1줌(20g)
○ 아몬드밀크(무설탕) — 1½컵
○ 슬라이스 아몬드 — 조금

1 시금치는 깨끗이 씻어 가위로 적당한 크기로 자릅니다.

2 믹서에 준비한 재료를 모두 넣고 40초 정도 돌려주세요. 컵에 스무디를 담고 슬라이스 아몬드를 조금 올려 완성합니다.

아보카도요거트스무디

#조리기구 필요 없음
#변비탈출

재료 | 1인분

○ 아보카도 ─ 1/2개
○ 플레인요거트(무설탕) ─ 130g
○ 슬라이스 아몬드 ─ 조금

1 준비한 플레인요거트를 1숟가락 분량만 남겨놓고 컵에 1/3 정도 담아주세요.

2 아보카도 1/2개를 요거트 1숟가락과 잘 으깨서 ①의 요거트 위에 올린 뒤 슬라이스 아몬드를 뿌려 완성합니다.

오이레몬스무디

#믹서
#붓기제거

재료	1인분

○ 오이 — 1개(200g)
○ 레몬 — 1/4개
○ 물 — 1½컵

1 오이는 소금으로 표면을 문질러 깨끗이 씻어 준비하고, 레몬은 껍질을 벗겨주세요.

2 믹서에 준비한 재료를 모두 넣고 40초 정도 돌려주세요.

케일블루베리스무디

#믹서
#눈이편안

○ 케일(쌈용) — 6장
○ 블루베리 — 1컵(200g)
○ 아몬드밀크(무설탕) — 1½컵
○ 카카오가루 — 1숟가락

1 케일은 깨끗이 씻고, 블루베리는 물에 잘 헹궈주세요.

2 믹서에 준비한 재료를 모두 넣고 40초 정도 돌려주세요.

상추바나나스무디

#믹서
#숙면쿨쿨

재료 ▸ 1인분

○ 상추 — 6장
○ 바나나 — 1개
○ 아몬드밀크(무설탕) — 1½컵

1 상추는 깨끗이 씻고, 바나나는 껍질을 벗겨 준비합니다.

2 믹서에 준비한 재료를 모두 넣고 40초 정도 돌려주세요.

카카오바나나스무디

#믹서
#활력충전

재료	1인분

○ 바나나 ― 1개
○ 카카오가루 ― 1숟가락
○ 아몬드밀크(무설탕) ― 1컵

1 바나나는 껍질을 벗겨 준비합니다.

2 믹서에 준비한 재료를 모두 넣고 40초 정도 돌려주세요.

운동 없이 8kg 감량
저탄수화물
다이어트 레시피

초판 2쇄 발행 2021년 7월 15일
초판 1쇄 발행 2021년 7월 7일

지은이 이은경
발행인 손은진
개발책임 손승덕
개발 김민정
제작 이성재 장병미
디자인 design BIGWAVE

발행처 메가스터디(주)
출판등록 제2015-000159호
주소 서울시 서초구 효령로 304 국제전자센터 24층
전화 1611-5431 **팩스** 02-6984-6999
홈페이지 http://www.megastudybooks.com
이메일 megastudy_official@naver.com

ISBN 979-11-297-0748-2 13590

메가스터디BOOKS
'메가스터디북스'는 메가스터디㈜의 출판 전문 브랜드입니다.
유아/초등 학습서, 중고등 수능/내신 참고서는 물론, 지식, 교양, 인문 분야에서 다양한 도서를 출간하고 있습니다.